会社員が働きながら

月30万円を稼ぐ起業法

新井 一

東洋経済新報社

はじめに――自分で答えを出す世界の歩き方

「会社員の給与とは別の収入源がほしい」
「自分の力で稼ぐ経験をしてみたい」
「今は会社員だけど、いずれは独立したい」

本書は、こうした思いを抱える方々に向けて書いた本です。

私はこれまでの25年間で、延べ6万人にのぼる起業を志す会社員と向き合ってきました。この本は、その活動の中で見てきた、**「会社員のまま起業して結果を出す人」がやっている思考と実務を売上ステージ別でご紹介するもの**です。

私の主宰する起業18フォーラムで、実際に各ステージにいる現役会員さんと対話し、涙も笑いもある、日々の現場で起きている現在進行形の話をまとめています。そのため、「起業はしたいけど、どうすればいいかわからない」という人でも、その日から行動できるような「起業の教科書」となっています。

会社員とは別の選択肢を持つ意義

私が起業を志したのは決してポジティブな理由ではありませんでした。会社員時代の私は、毎日のように、敗北感、絶望感、虚無感に打ちひしがれながら、生き残ることに必死でした。そんな人生から逃れたいというのが、最初に起業を考えたきっかけです。

しかし、起業という選択肢を得てからの私は、とてつもない解放感と未来へのワクワク感を抱くようになりました。絶望しかなかった会社員生活の中でも、「何とかなるさ」と楽観的な思考を持てるようになったのです。これは、単に収入源の増加ではなく、**自分の人生の選択肢を広げる意味**を実感する経験でもありました。

もちろん、現実は甘くありませんでした。何年もかけて準備してきたはずなのに、何から何までうまくいかないことばかり。不安で眠れない日が続き、体調を崩すこともありました。それでも、多くの人たちの支えによって、少しずつ道が開けていきました。業務委託で仕事を提供してくれる方や、無償でセミナー会場を貸してくれる方、私を会社の役員に招いてくださった方。その人たちだって決して楽ではないはずなのに、私のような人嫌いのコミュ障に手を差し伸べてくださったのです。

私は、過去の著書において、また、YouTubeやSNSでの発信において、**起業は楽しい、起業は小さくやれば怖くない、案ずるより産むが易しである、と言い続けてきました。**それは、これからも言い続けると思います。実際にそうだからです。ですが、その裏では数えきれないほど多くの人たちに支えていただき、引き上げていただき、嬉しかったり悔しかったり、悩み、迷いながら、今を生きています。それも、もう一つの真実です。

この本の使い方

本書執筆のお話をいただいた際、私は心の中で、5つのことを決めました。

それは、成功法則や知的好奇心を満たすだけのノウハウ本、誰でも簡単にこれだけで起業できるという類いの煽り本を書くことはしないということ。

小さな起業に向けて動き出した人のバイブルとなるよう、現実としっかり向き合える本にするということ。

評価を恐れず、本当に大切で、実際に必要となる思考と実務について解説すること。
読者の皆さまが自身の頭で考え、心で感じながら、行動に移せる本にすること。
そして、著者として私自身も、書きながら成長できる本にすること。

この5つです。できたかどうかはわかりませんが、およそ1年の時間を使い、執筆に取り組みました。**本書のお伝えしている本質を受け止めていただき、ネット上にある情報とうまく組み合わせながら、あなたのビジネスを成功に導いてください**。

それでは、自分の力で生きる経験をし、自分で答えを出していく世界へ。あなたらしく、笑顔で出発です！

新井　一

目次

第1章 起業STAGE Ⅰ 売上0～1万円は「ありのままの自分と向き合う」

思考編 起業したいなら、注目されない存在であれ

第2章 起業STAGEⅡ 売上１〜５万円は「自分の知らない自分を知る」

実務編

小遣い稼ぎから抜け出す突破口

第4章

起業STAGEⅣ 売上10〜30万円は「自然体でいく」

第0章

起業準備前夜～こんな間違いをしていませんか？

1 起業に向けてやる気満々は必敗パターン

想像以上に長距離走という現実

「自分も起業してみたい！」

本書を手にしてくださったあなたも、きっとそのように思っているはずです。あるいは、「自分にできるのかな？」そんな段階の方もいらっしゃるでしょう。自分は起業して当然と思っている人も、夢がある人も、様々な事情があって起業せざるをえなくなった人も、心配には及びません。あなたにもできます。**ただし、何度も繰り返し立ち塞がる壁、予想もしなかったトラブル、逃げ出したくなる不安、すべてを諦めたくなる挫折、そんなものを避けて通ることはできません。そして、想像以上に長距離走です。**

本書では、起業ステージ別に、基本に沿って粛々と対応し、淡々と乗り越えていくための〝ガイドライン〟を示しています。別のステージになっても、同じような内容が度々出てくるのは、そこでも同じような壁が現れるから。「あぁ、新井が言っていたのはこれか」。

そんな風に、後からわかっていただけることでしょう。25年以上も現場でやってきたからこそ、本書でだけ記した生々しい本当の話ばかりです。**あなたもやってみればわかりますから**、まずは本書を片手に、ともに〝起業〟への道を進んでいきましょう。

✓やる気満々だと長距離を走れない

ここで、今、ワクワクしている人、不安に押しつぶされそうな人、何をしたらよいのか見当もつかないと途方に暮れている人にも、ぜひ知っておいていただきたい事実があります。それは、**「今、やる気満々だと失敗するので、メンタルを調整してください」**ということです。

思い出してみてください。たとえば、ダイエットや筋トレ。**望む成果を得ている人は、そのきっかけや理由は別として、無理のない範囲で粛々と行動を続けた人だけです**。自分の変化を自覚できると嬉しくなり、他者にそれを指摘されると自分が誇らしく思え、日々の行動が、「やらないと気持ち悪い」ところにまで習慣化しています。

一方で多くの挫折してしまう人は、突発的なやる気で無茶な目標を立て、突き進もうとした人たちです。突如として湧き上がったやる気で夢を描くのですが、「今の自分にとっての適切さ」を超えてしまい、挫折してしまいます。

適切ラインは甘くする

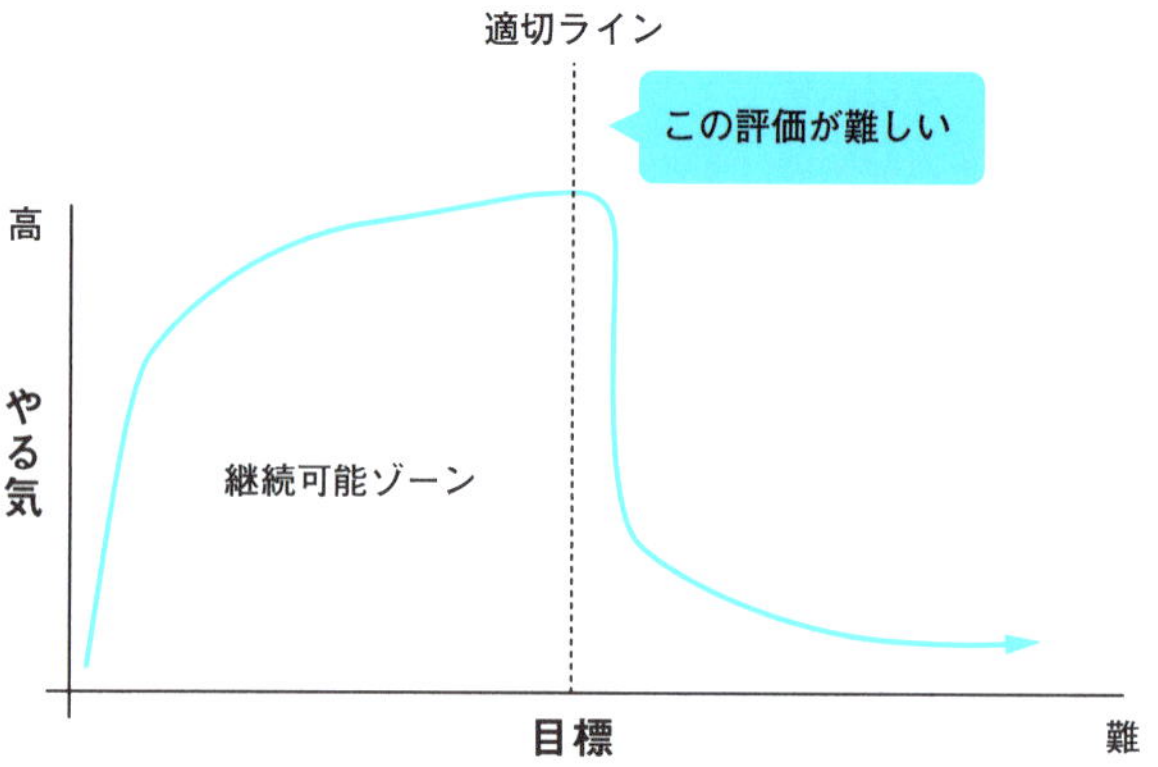

起業の場合、保有するリソース（お金・情報・人脈・設備など）や、性格（自己評価ではない本当の自分）によって、個々の〝適切ライン〟は大きく変わります。最初は無理をせず、適切ラインより左の〝継続可能ゾーン〟に入る簡単な目標を立てるほうが、安定的に作業を進められます。

私自身が過去に受けとった、やる気満々宣言メールを読み返してみると、この〝適切ライン〟を超えてしまった人たちの思い出がよみがえってきます。

たとえば、ある人は、私と出会った瞬間から、「これで私も起業できる！」とモチベーション全開。勢いあまって、基礎知識

高すぎる自己肯定感は現実を見誤らせる

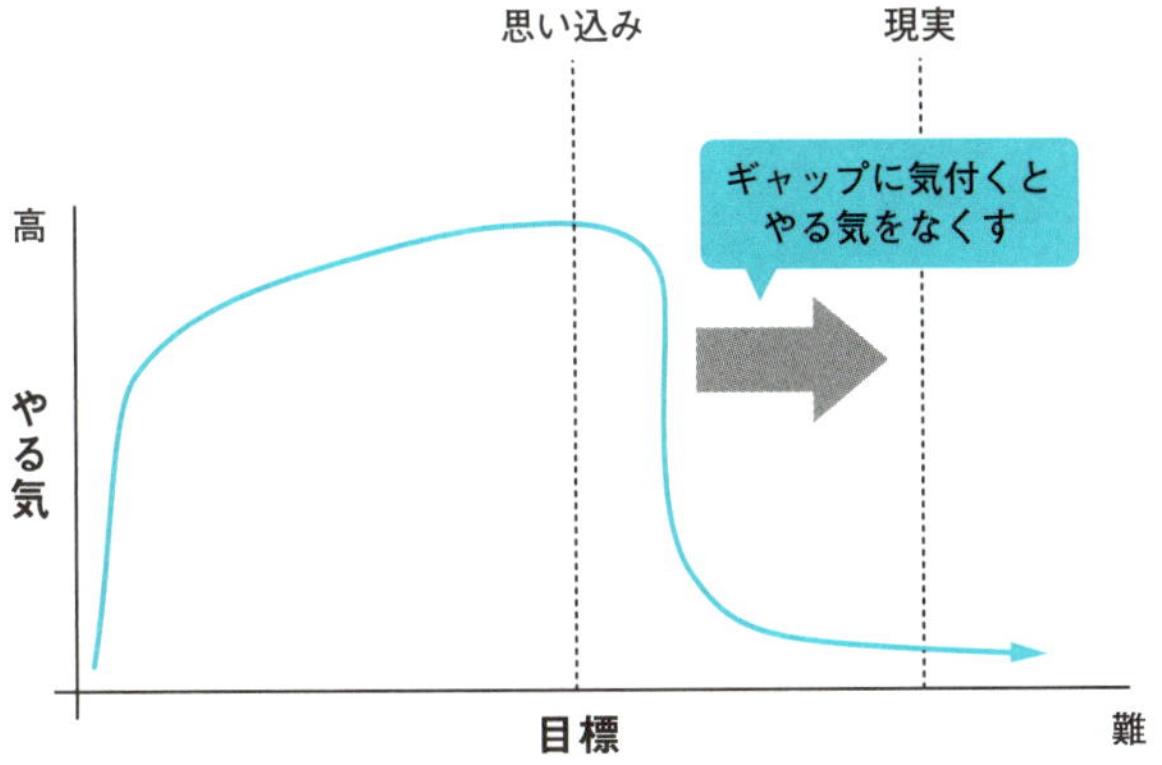

や共通言語の習得プロセスをすっ飛ばし、マシンガンのように〝意味不明!?〟な質問や行動を連発。**間違った思い込みが前提になっているので、その人の起業アイデアは当然、実現不可能**。数週間後には行動が止まってしまい、挫折してしまいました。

一方で、海外に駐在しており、小口輸出入程度のことならすぐに始められそうな人脈も環境も整っている人がいました。起業への夢が明確で、やる気満々。「売上10億円レベルの専門商社を立ち上げ、日本との懸け橋になって活躍する！」と宣言し、やる気満々でした。しかしながら、**仕入れに必要な資金の大きさ、駐在員としての仕事に追われる毎日で、結果、一歩も踏み出せ**

大きな夢は30分後の行動を止める

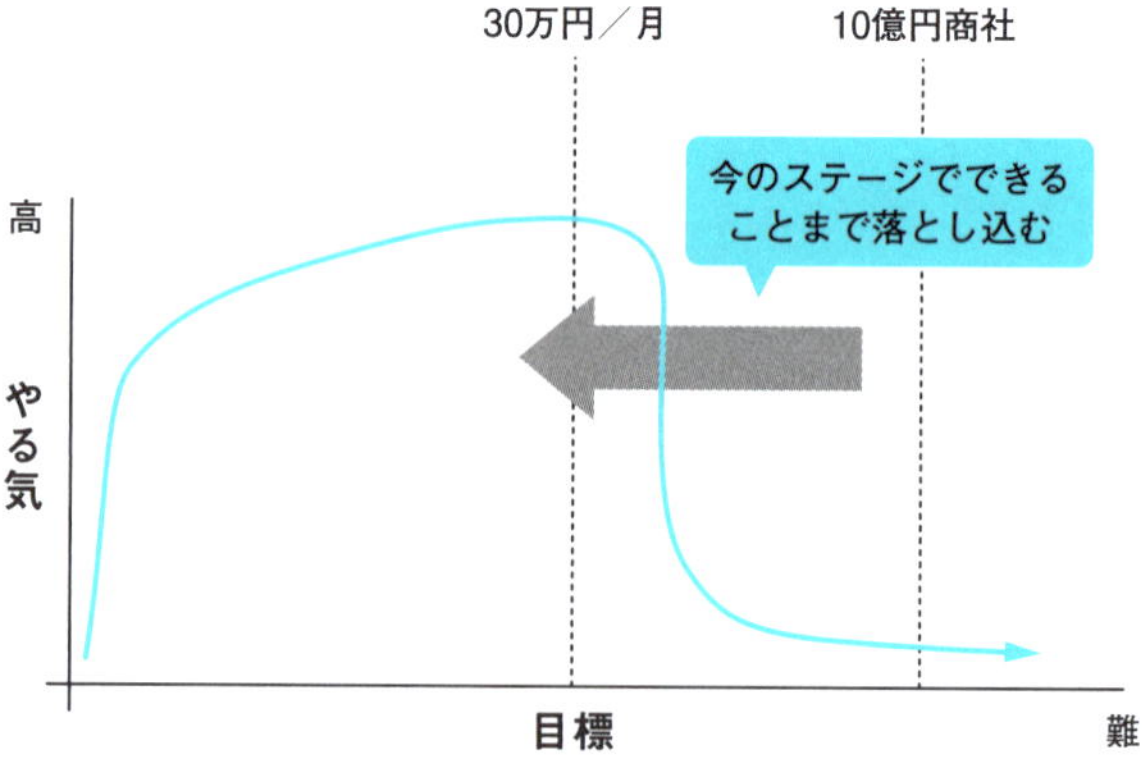

ず、この人もどこかにいなくなってしまいました。「自分には無理です」という言葉が今でも忘れられません。単純に、「10億円稼ぐなんて考えないで、今は月30万円でいいですよ」と伝えていたのですが、頭を切り替えられなかったようでした。**大きな夢を叶えるには、今のステージでできることから始めなければいけません。**

＞やる気は下がって当然

ですが、起業準備とは難しいもので、目標もやる気も丁度いい〝継続可能ゾーン〟に入っているはずなのに、それでもモチベーションが上がらない、そんな時があるのです。そこで、「ワクワクしてないのは悪いことだ」と考えてしまい、投げ出して

やる気は常に変動している

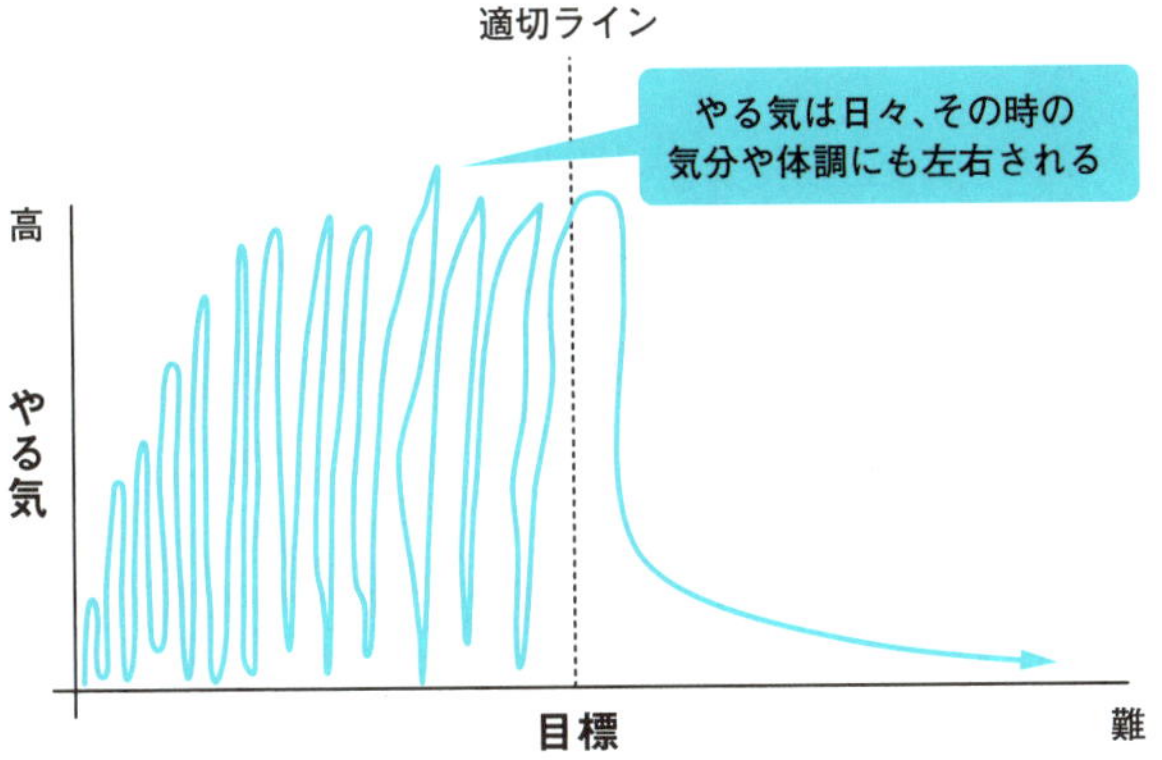

しまう人がいるのですが、ちょっと待ってください。そこは安心して大丈夫です。人間であれば、誰でもそうなるのです。**やる気は上がったり下がったりを繰り返しています。継続可能ゾーンに入っているならば、またいつか上がってきますから、シンプルにその時を待てばいいだけです。**

現実を正直に申し上げれば、起業準備の過程は、あなたが考えている以上に、時間やエネルギーが必要な〝長距離走〟です。仕組み化を進め、メンタルと日々の業務が切り離されるまでは、**現時点の自分にとっての適切さを見つけ、心と身体を〝ゆるく〟管理しなければ、このレースを完走することはできません。**

⌄本気で簡単なことしか続かない

また、起業は人生における、「やらなくてもいいこと」の代表格とも言えるものです。その、義務ではない、しかも中々うまくいかないことを、どれだけ長く続けていけるのか。

長距離離走の中でも究極の〝長距離障害物走〟です。しかも、明確なゴールがありません。転職せず、大企業で定年まで働き、退職金をもらって定年延長。その後は、厚生年金、企業年金、iDeCoを受け取って、持ち家に住んでいられる〝ザ・昭和の勝ち組〟になれるのならば、わざわざ苦労する起業を選ぶなんて、私には考えられないことです。そこまで恵まれていないとしても、せっかくの安定した仕事を捨て、リスクを取る必要がどこまであるのでしょうか？

しかし、**それでも、起業したいと言う人は増え続けています**。もし、あなたが本気ならば、ぜひ、本書を繰り返しお読みいただきながら、私たちと一緒に頑張ってほしいと思います。そして、そんなあなたに向けて、もう一度、声を大にして言わせてください。

「本気で簡単なことをやろう！　難しいことをしてはいけません」

起業の世界には、組織がゴリ押ししてくるノルマ、人事考課はありません。「目標が低すぎる」、「もっと積極的に……」などと言われることもありません。あなたが自由に決めるのです。では、何を決めるのかですが、**まずは、「この後、30分でやる（できる）こと」を決めます**。これが、長距離障害物走を完走するための「究極の現実論」の最初の一歩になります。たとえば、もう一冊、起業本を買う、あるいは、新井のX（旧Twitter）をフォローする、最初はそんなことで十分です。**大事なことは、実際に、本当に動くこと。そのためには、簡単なことでなければなりません**。考えたら動くクセをつけるため、必ずやってください。

2 「何から始めたらいいのかわからない」と言う人の初動ミス

✓ 余計な情報を集めすぎている

私はこれまで20年以上にわたり、起業したい会社員の皆さまからの相談に応じてきました。データがある訳ではありませんが、**体感的に、初めて私にご相談いただく方の約半数が、「起業したいけど、何から始めたらいいのかわからない」とおっしゃいます**。しかし、本当にそうなのでしょうか。

たとえば、ゴルフを始めたいと思ったら、Googleで、「ゴルフ　初心者　何から始める」、「ゴルフ　初めて」などと検索すれば、情報はいくらでも手に入ります。多くの人がそうして情報を入手し、本当に興味がある場合には、YouTubeを観たり、ゴルフのできる友人に声をかけたり、何らかの行動をするはずです。おそらく、「何から始めたらいいのかわからない」と思っている方も、検索やYouTubeを観るくらいはしたかもしれません。それでもわからない、できないのはなぜでしょうか？　**その理由は、「情報が断片的」であり、「必要のない余計な情報がありすぎる」からです**。あるいは、「出てきた情報のハードルが高すぎる」、「実は情報を集める前段階で、心の準備が整っていない」などが本当のところだと思います。

ここで多くの人が間違いを犯してしまいます。たとえば、良かれと思って、こんな行動を起こしてしまいます。

・有名起業家YouTuberの動画を観まくる
・ネットで手あたり次第検索する
・知り合いに相談する

・ちょっと怪しげなセミナーに参加する
・資格を取りに行く
・フランチャイズ（ＦＣ）の説明会に行く

中には、人にいきなりＤＭ（ダイレクトメッセージ）を送って、アドバイスを乞う人もいます。私も過去に、知らない人から最寄り駅と指定時間が送られてきて、「お茶しながらアドバイスをくれ」と言われたことがあります。あまりにも怖くて即ブロックしてしまいましたが……。

これらは、典型的な初動ミスです。なぜなら、**自分自身の現在地や所有する起業リソースも、適正の確認も何もしていない状態で、さらに断片的な情報を増やしても、もっと混乱して迷ってしまうだけだからです。**今の自分に必要のない情報、レベルの合わない情報が、30分後の行動につながることはありません。そして、そんな状態では、今のあなたに必要な情報も進展も手に入りません。

動き出すために必要な情報を整理する

ご存知の通り、適切な答えを得るためには、適切な質問が求められますが、「何を質問したらよいのかもわからない状態」では、型通りの説明を受け取るだけになります。そして、そんなものは役に立たないので、数時間で忘れてしまうのです。

・事業計画書を書きましょう。
・あなたの夢を書き出しましょう。
・子供のころの振り返りをしましょう。
・○○オーナーになるための説明会に参加しましょう。
・△△から中古品を安く仕入れて、メルカリで転売しましょう。
・□□コンサルタントの資格を取って、1カ月で月収7桁達成しましょう。
・SNSから発信して、毎月○○円を受け取りましょう。
・補助金を獲得しましょう。
・マンションを一棟買いして、家賃収入を得ましょう。
・今、おすすめの副業「◇◇」で稼ぎましょう。

世の中には、こんな情報が溢れかえっています。**そんなことはやりたくないと思いつつ、つい興味がわいてしまう〝うまい話〟もたくさん聞こえてくるため、時間を奪われてし**

まったり、混乱してしまったりします。この情報過多や、胡散臭い情報の氾濫が、多くの人の行動が止まってしまう原因の一つであり、いつか起業したいと考えている人の99％が、何もせずにいる理由です。

「起業したいけれど、何から始めたらいいのかわからない」。もし、あなたがそんな状態になっても、何も迷う必要はありません。あなたが悪いのではありません。誰もがそうなっています。その原因は、断片的な情報、そして、心を惑わす胡散臭い情報にあります。**あなたが今やることは、「今のあなたに不要な情報を捨てること」です**。お部屋の物を増やす前に、要らないものを片付けましょう。

3 情報を捨てるための3つの質問

ここでは、要らない情報、必要な情報を選別するために、3つの質問に答えてみてください。まず、最初の質問です。

✓質問1　あなたは、どのビジネスをしたいですか？

ビジネスをP31のA〜Dに分類するとして、どれに興味があるかを選んでみましょう。

これまでの仕事からの好き嫌い、直感で構いません。

A〜Dは、組み合わせでも大丈夫です。たとえば、居酒屋なら、A（お酒や料理）×D（店舗）になります。私の運営する〝起業18フォーラム〟ならば、起業したい人のコミュニティですので、C（ノウハウ提供）×D（交流の場）と考えられます。YouTuberも、C（情報提供）×D（広告スペース）の組み合わせです。税理士さんは、C（情報提供）のように見えますが、実際は、B（記帳／申告代行）と言えるかもしれません。

A〜Dを選べた方は、質問2へ進んでください。**Eを選んだ方が今必要なことは、アイデア出しのための「自分自身の適性の理解」になります**。どんな仕事をしたいのか、どんなこと（環境）なら続けていけるのか、やりたくないことは何か、自分という素材を言葉にすることからです。まずは、P40「4　目標とやる気を『継続可能ゾーン』に調整するためにやるべきこと」に進んで、適切な目標設定を行いましょう。アイデア出しのための「自分自身の適性の理解」についても解説していますので、ご覧ください。

	ビジネスの種類	例
A	物品／ ツールを提供するビジネス	・ネットショップで手作り品や仕入れた文房具を売る（メルカリ、Amazonなどでも可） ・企業相手に中国から仕入れた物品を卸売りする ・業務管理システムを作って提供するなど
B	スキル／ 時間を提供するビジネス	・ベトナム語の翻訳をする ・ハウスクリーニングをする ・ホームページを作るなどの代行業
C	情報／ ノウハウを提供するビジネス	・企業相手に得意分野のコンサルティングや研修をする ・主婦向けに時短料理動画を配信する、データを集計して統計レポートを販売するなど
D	場／ 機会を提供するビジネス	・レンタルスペースや会議室の運営・婚活マッチングパーティーを主催する ・ランニングコミュニティを主催してイベントを開催するなど
E	まだわからない	

質問2　そのビジネスは、自分で作りますか？

この質問2の答えが「自分で作ります」の方は、次の質問3に移りましょう。

起業は、事業をゼロから立ち上げるやり方もあれば、コンビニのようなパッケージ（ＦＣ）《フランチャイズ》や、決まったノウハウ（せどりなど）を購入して始めるやり方、不動産を借りたり買ったりして始めるやり方もあります。また、自由な活動はできませんが、「認定○○」のような民間資格の傘下で仕事をすることもできますし、既存の事業や会社を買い取って（Ｍ＆Ａ）始めることも可能です。

起業をＦＣで始める利点は、商品／サービスを自分で考える必要がないこと、ブランドが認知されていれば、集客力があることが挙げられます。また、本部から様々なトレーニングやサポートを受けることができたり、大量仕入れによるコストダウン効果を見込める場合もあります。「だったらＦＣがいいじゃないか」と思うわけですが、ＦＣには、一方でデメリットも存在します。たとえば、大きめの初期費用（加盟金や物件取得費）や運用費用（月々のロイヤリティーなど）が必要になること、他社のブランドを借りるがゆえの自由度の制限などです。

また、本部との信頼関係が損なわれれば、契約更新をしてもらえない、逆に途中解約に違約金が発生するなどのリスクもありますので、**加盟前に必ず、FCの現実を詳しく解説しているYouTubeチャンネルをチェックしておきましょう**。すべての動画を見てから説明会に行くくらいの準備が望まれます。過去に何人も私のところに、「○○に加入して○百万円損した。騙された」などと駆け込んでくる人がいましたが、お話を伺ってみると、単に勉強不足、調査不足を本部のせいにしているだけと感じることも少なくありませんでした。

良い意見も悪い意見も公平にチェックできたら、資料請求、説明会に参加するなど、情報を集めることから開始しましょう。

せどりや不動産投資など、ノウハウやマニュアルを購入して始めるビジネスの場合、最も重要視する部分は〝適性〟になります。せどりの場合には、「誰にでもできる」という再現性重視になるため、地味な作業を延々と繰り返すことが求められることが多く、不動産の場合には、千万~億単位のお金を借り入れても不安にならない強いメンタルが求められます。

自分の適性の確認のためには、高額マニュアルの購入や塾に参加する前に、一度、本屋さんに行ってみましょう。関連の指南書が多数販売されていますので、数冊買って読み比べてみてください。その中で気に入った本に沿って、実際に仕入れリサーチや物件探しを試してみましょう。YouTubeも参考になると思います。実際にやってみると、すぐに、気が遠くなるような作業の連続であり、簡単ではないことがおわかりいただけると思います。それでも、ワクワクする、これを成功するまでやり遂げたい、自分ならできる、そう思えるなら、投資先として「◎」です。

民間資格の傘下で仕事をする場合には、その資格の認知度（「認定〇〇」のブランド力）、活動の自由度、本部の集客協力の有無をチェックしてください。チェック方法は、検索やSNSを使って、同じ資格を持っている人の活躍、露出をチェックし、また、余裕があれば、フォロワーの質（身内で褒め合っている、紹介し合っている）なども確認します。その仲間になりたいかどうか、そんな直感で構いません。違和感があるようでしたら、一旦、距離を置きましょう。

「専業で食べていけそうか」も知りたいところですが、扶養に入っていて、それほど稼ぐ必要のない方もいたり、人によって目指すゴールは違います。あなたの目指す地点まで到達できている人がいるか、正確に見抜くことは難しいですが、たくさんの人を見てみましょう。

最後に、**M&Aなどで事業を引き継ぐ場合も、特にマッチングサイトから案件を仕入れる場合は、公開されている情報に限りがあるため、ビジネス未経験者には注意点や確認事項がわからないことも多いと思います。**私の知り合いにも、事業を買うまでは良かったものの、予想以上に月々の維持管理費、広告宣伝費がかさみ、事前に言われていた利回りが出ないと言っていた方がいました。「やってみないとわからないことだらけだった」。これはM&Aに限らず、ビジネスの世界では当たり前のこと。初めてのビジネスでM&Aに挑戦するなら、負債、法規制、商標権などはもちろん、属人性、成長性、SNSアカウントを引き継げるのかなど、様々なリスクを可能な限り調べ、経験者に聞き、無謀な投資はしない。ご家族のためにも、そこだけは守るようにしてください。

質問3　そのビジネスは、自己資金で立ち上げられますか？

起業時に、いくらまで自己資金を投じられるかは人それぞれです。手持ちの額のみならず、家庭環境、性格にもよるでしょう。「いくら必要ですか？」というご質問をよくいただきますが、全員に共通する答えはありません。原則としては、株式投資などと同様、**自**

分にとっての**「失ってもいい余剰資金まで」と考えてください**。貯金や退職金を全額ＢＥＴするようなことは、くれぐれもなさいませんように……。

ここでのポイントは、**初期費用＋半年分の運用費用を全額自分で出せるのか、一部でも他者から借りなければならないのか、借りずとも集めることができるのか、をざっくりと把握すること**です。

「そうは言われても、いくら必要なのか見当もつかない」という方も多いと思います。この**必要金額は人それぞれで、すでに持っているものを使うのか、無いものを調達するのかで大きく変わってきます**。ここで、初期費用と運用費用に分けて整理していきましょう。

改めてご説明しますと、初期費用とは、そのビジネスをスタートするために最初にかかる費用のことを言います。運用費用とは、そのビジネスを維持するためにかかる費用を指します。それ以上の細かい意味は気にしなくて大丈夫です。

まずは初期費用からです。**今は正確に算出する必要はありません。ざっくりと、どんな支出があるのかを調べましょう**。手始めに、たとえば、「ネット通販＋初期費用」、「コンサルティング＋初期費用」のように、「○○＋初期費用」と検索、あるいは、ChatGPTあたりに質問してみましょう。ビジネスの種類によって様々ですが、最低限、左のような支

	ビジネスの種類	初期費用の例
A	物品／ ツールを提供するビジネス	・仕入れ ・ツール（パソコンやアプリの取得／契約） ・ショップ作成・商標登録・許認可取得
B	スキル／ 時間を提供するビジネス	・ツール（パソコンやアプリの取得／契約） ・研修（資格） ・作業場（借りる場合の契約）
C	情報／ ノウハウを提供するビジネス	・ツール（パソコンやアプリの取得／契約） ・作業場（借りる場合の契約） ・ブログ制作
D	場／ 機会を提供するビジネス	・ツール（パソコンやアプリの取得／契約） ・会場レンタル ・物件取得

出の項目が出てくるはずです。

項目がわかれば、**それぞれどの程度のお金がかかるのかは、個別に検索していけば簡単にわかります**。すでに持っているものや、自分には必要ないと思えるものを省いて、ざっと合計金額を計算してみましょう。漏れがあるかもしれませんので、たとえば合計10万円となったら、実際に必要なのは12万円くらいと考えて余裕を見ておくと安心です。

ここに運用費用が乗っかります。ネット回線やスマホの通信料、各種手数料、ツールなどのサブスク支払い、そして広告宣伝費、固定で場所を借りていれば家賃も乗っかります。広告宣伝費の算出には本来、売上や利益の予測が必要になりますが、最初は見当がつかないと思います。ざっくりと月1～5万円の間で投資可能な金額を書いてみてください。そして、ざっくりと半年分の費用を計算してみましょう。

これら初期費用と、半年分の運用費用を全額自分で出せる人は、具体的にビジネスを作っていくステージに進むことができます。まずは必要なインフラの整備、環境構築からです。その前に、この先のP40に進んで、目標設定を行いましょう。

お金が足りず、**全額を自分で出せない人は、どこかから借りてこなくてはいけません**。

最も安全なのは親や親族から、「無利子×出世払い」で借りることですが、それができない場合には、金融機関から借りることになります。その場合には、事業計画書の作成が必要になるでしょう。検索すれば書き方に関する情報はいくらでも出てきますから、まずはこれらの費用の精査、そして、テンプレートに沿って書面にしてみましょう。

・事業計画書の書き方（https://kigyo18.net/jigyokeikakusho）
・事業計画書作成ツール（https://kaigyou.dreamgate.gr.jp）

どうしても融資を受けずに資金を集めたい人は、クラウドファンディングの実施が現実的です。**正直に申し上げれば、人脈やネットワークを持っていない人にとって、マネー成立は厳しい**と思いますが、やってみる価値はあります。まずは、たくさんあるクラウドファンディングのプロジェクトを隈なくチェックし、どのような商品企画にマネーが集まっているのかを見ることから始めましょう。

・CAMPFIRE（https://camp-fire.jp）
・Makuake（https://www.makuake.com）

ちなみに、質問1～3は、この順番で考える必要はありません。質問2や3から考えて、1に戻って考えることもできます。つまり、質問1でどれか選びきれなかった場合、先に質問2についてネット検索したり、AIに聞いてみたりしても構いません。ここは柔軟に進めてください。

4 目標とやる気を「継続可能ゾーン」に調整するためにやるべきこと

ここでは、P20の図にある〝適切ライン〟より左の〝継続可能ゾーン〟に自らをポジショニングするための行動目標設定を行います。**ここでの目標は即日行動、30分後に実行に移せてこそ意味があります**。つまり、簡単でなければなりません。

›質問4　あなたが今やるべきことは、何ですか？

今やるべきことを以下のA～Eに分類するとして、どれをやるかを選んでみましょう。

質問4で〝A〟を選んだ方は、以下を1週間以内に実行しましょう。

	今やるべきこと
A	アイデア出しのための「自分自身の適性の理解」
B	ビジネスパッケージや既存事業の購入
C	民間資格取得のための勉強（あるいは「認定○○」としての活動）
D	初期費用＋半年分の運用費用の計算
E	事業計画書、またはプロジェクトの作成

成功実例を見る（https://kigyo18.net/kigyo-idea-jitsurei.html）

- ☑ 好きなこと（事・物・場所・人・環境・働き方など）を書き出す
- ☑ 嫌いなこと（事・物・場所・人・環境・働き方など）を書き出す
- ☑ 得意なこと（スキル・何となく上手にできることでOK）を書き出す
- ☑ 自分に足りないもの（知識・スキル・経験・人脈・資金など）を書き出す
- ☑ 自分が他の人と違うと思うところ（スキル・経験・環境など）を書き出す

これまでの**仕事や得た資格やスキルのみならず、趣味、家庭での役割など、何でも構いません。**また、私たちは〝名前のついていない得意なこと〟もたくさん持っています。癒やし系と言われる、声が良いと言われる、いつも最下位を引き受けているので組織がギスギスしないなど、何となくできていることも、あなたの起業に活かせるリソースです。遠慮なく書き出してみましょう。

質問4で〝B〟を選んだ方は、以下を1週間以内に実行しましょう。

☑ **FCの解説を読む（https://kigyo18.net/franchise-kigyo.html）**

☑ **FC（またはM&A）を調べる**

・フランチャイズの窓口（https://www.fc-mado.com）
・フランチャイズ比較ネット（https://fc-hikaku.net）
・BATONZ（https://batonz.jp）
・TRANBI（https://www.tranbi.com）

☑ **やってみたい案件を3つ選んで資料請求をする**

FC加盟やM&Aは、大きなお金を動かすことになりますので、慎重な検討が必要です。YouTubeで検索すれば、経験者の発信、多数の失敗談などを見つけることができますので、良いことも悪いことも知った上で、資料を見るようにしてください。**ただし、ネット上にある情報は、どうしてもネガティブなものが目立ちます**ので、気持ちが萎えてしまいがちですが、成功している人がたくさんいることもまた事実です。成功するもしないも、あなた次第。そのリスクを今のあなたが引き受けられるのか、しっかりと吟味しましょう。

なお、資料請求をすると、即日営業電話がかかってくることが多いです。説明会への参加などを促されたり、多少煽られたりもしますが、慌てずに一呼吸おいて、まずはYouTubeでの徹底リサーチ、資料の読み込みを進めましょう。

質問4で〝C〟を選んだ方は、以下を1週間以内に実行しましょう。

- ☑ **検索やSNSで、その資格を持っている人を複数人見つける**
- ☑ **その人たちの活躍、露出をチェックする**
- ☑ **本部のWEBやSNSで、集客協力の有無をチェックする**
- ☑ **イベントやセミナーがあれば、実際に参加して集客状況をチェックする**
- ☑ **傘下から抜け出るための計画（自分ブランド・コンテンツの構築）を立てる**

質問4で〝D〟を選んだ方は、以下を1週間以内に実行しましょう。

- ☑ChatGPTで「○○起業の初期費用を具体的な数字を示して教えて」と質問する
- ☑Googleで「○○＋初期費用」と検索する
- ☑必要のない出費を省いて初期費用の概算を出す
- ☑Googleで「○○＋運用費用」と検索する
- ☑ChatGPTで「○○起業の運用費用を具体的な数字を示して教えて」と質問する
- ☑必要のない出費を省いて6倍し、半年分の運用費用の概算を出す
- ☑初期費用と運用費用のそれぞれに1・2を掛ける（予備費）
- ☑初期費用と運用費用の合計を算出し、余剰資金で賄えるかを判断する

資金調達のために事業計画書を作る必要のある人は、この数字ではアバウトすぎますので、丁寧に検索をして具体的な金額を調べていきましょう。自己資金でやれる方は、ざっくりで大丈夫ですので、「このくらいお金がかかるんだな」と把握しておいてください。

特に広告宣伝費は、もったいなくて中々使えないものですが、ビジネスにおいては必須の投資になります。準備が整ったら必ず使うお金として、覚悟しておきましょう。

質問4で〝E〟を選んだ方は、以下を1カ月以内に実行しましょう。

- ☑ **★事業計画書の解説を読む（https://kigyo18.net/jigyokeikakusho）**
- ☑ **事業計画書を書いてみる（https://kaigyou.dreamgate.gr.jp/）**
- ☑ **★クラウドファンディング利用の場合は、掲載プロジェクトを読み込む**
- ☑ **★クラウドファンディングサイトに会員登録する**
- ☑ **ガイダンスに沿ってプロジェクトを作成する**

Eに関しては、より丁寧な作業が必要になるため、1カ月程度の時間をかけても問題ありません。ですが、1カ月先に期限が設定されたものに30分後から取り組める人は少ないので、★を付けた項目は1週間以内に終わらせてください。

いかがでしょうか？「起業しましょう」と言われても何をしたらよいのかわからないでしょうが、**ここまで落とし込めれば、今やることがわかり、すぐに実行できると思います**。余計な情報に振り回されず、今のあなたに必要な目の前のことに集中し、最初の一歩を踏み出しましょう。

5 それでもなぜ、あなたの起業準備はうまく進まないのか？

「できること」に縛られている

私たちは、実にまじめに日々仕事をしています。満員電車に揺られたり、遅くまで残業したり、理不尽なことにも耐えて、「はい、わかりました」と頭を下げ、歯を食いしばり、眠い目をこすりながら頑張っています。「すべてはお給料のため」。本当にその通りです。だからこそ、何十年も続けてこられたのです。

そして、**そんな自分が長年かけて身につけてきたスキル、経験、努力は決して自分を裏切らない。私たちはそう信じたいものです**。「それが自分の強みであり、人との違いなのだ」。そう信じることで自分に報いたい。誰もが当たり前に持つ気持ちだと思います。

ですが、現実世界は非情です。**長年の努力、身につけたスキルは、あっさりと〝テクノロジー〟と〝センス〟の前に敗れ去り、次世代のより優れた存在に取って代わられます**。

いわゆる〝ディスラプション〟と言われるもので、書店がAmazonに、CDやDVDがサブスクのストリーミング配信に、コンデジがスマホに、いつの間にか置き換わっていた現実は、多くの人が体験していることでしょう。

このディスラプションは、テクノロジーによってのみ起こるものではなく、私たちの周りでは、人によって起こされることも珍しくありません。自分が長年かけてようやく身につけたスキルを、特にトレーニングをしたわけでもないのに、サッとやってのける新人がいたり、自分は必死で勉強してやっと合格したのに、ろくに準備もせずに一発で合格してしまう天才がいたりします。私は、これこそが〝強み〟だと思うのです。**「人の半分の努力で、倍の結果が出せること」。それが、あなたが他の人と違う部分です。**努力して人並みになったことではなく、センスをもっと磨くこと。それこそが、起業で使えるあなたの武器になるのです。

当たり前ゆえに自分のセンスに気付いていない

しかし、こう言うと、「自分にはそんなセンスはない」と落ち込んでしまう人がいます。大丈夫です。そんな悲観的になる必要はありません。私はこれまで、延べで言えば、6万人にのぼる方の起業相談に応じてきた計算になるのですが、本当に何もない人に出会ったことがありません。何もないと思い込んでいる人や、勝手に挫折する人は大勢いましたが、頭が固いなぁと思います。

なぜ、「自分には強みがない」と思ってしまうのかと言えば、**センスがあるので当たり**

前のようにできてしまい、それがセンスだということに気が付けないことが主な理由です。目覚まし時計がなくても起きられる、緊張しない、資料作りが上手など、苦労なくサッとできてしまえば、それがすごいことだとは自覚できないでしょう。ですが、どうしてもうまくできない人も確かにいるのです。

一方で、**ネガティブに聞こえる部分も強みになりえます**。ドロ沼離婚した（＝各種手続き、リスク、考えなければならないことなどを語れる）、頭髪が薄くなった（＝ファッション、頭皮ケア、メンタルについて語れる）なども強みに転換できる可能性があります。

また、自分自身の中にあるものだけでなく、外にあるものもまた、十分に強みになりえます。たとえば、海外に住んでいる友達がいる（＝貿易ができるかもしれない）、資産家の家に生まれた（＝マンションを建てて経営できるかもしれない）、イケメン（＝人気YouTuberになれるかもしれない）など、**自分以外の人、環境、持って生まれたもの、すべては強みとしてカウントできる可能性を秘めている**のです。

自分の強みを見つける方法はたくさんありますが、ビジネスで役に立つ強みを見つけるには、たとえば以下のことについてイメージしてみてください。

☑家族や友人が、自分に何かを頼みたいとしたら何だろう？
☑職場で自分が頼りにされている仕事は何だろう？
☑特別な努力をしていないのに、人よりも上手にできることは何だろう？

「資格取得＝ビジネスの成功」ではない

ディスラプションについて語ると、「馬鹿にするな。自分の資格、経験は十分に強みたりうる」とお怒りになる方もいらっしゃいます。確かに、国家資格であれば、社会的信用という意味でも、有利に働くことは間違いありません。その資格がないとできない独占業務もあり、起業に失敗しても再就職すれば食いっぱぐれない安心感も与えてくれるでしょう。

ですが、**「資格取得＝ビジネスの成功」ではない**ということは知っておいてください。

私が以前お世話になっていた優秀な若手税理士さんも、税理士業には未来がないと判断したという理由で不動産業にシフトされました。ＡＩの発達を脅威に感じている人は、ライター、プログラマー、翻訳業、動画制作業、デザイナーなどに多いですが、公認会計士や税理士のような難関資格の保有者にも広がっているようです。

また、別の方は、民間資格を取ってしまったがゆえに、自分が好きなことをしようとすると、「そのビジネスをするのなら、当協会にライセンス料を払ってください」と言われてしまったとか。また、**資格はいわゆる〝素人〟と違う存在になれるという良さがある一方で、皆と同じラベルを貼られてしまう**という側面を持っています。ある交流会で名刺交換をした際、帰りの電車で、5枚ほどの社労士さんの名刺を見ながら、「社労士さんがたくさんいたな……」とさっそく一括りにしてしまっている自分がいました。起業に関して言えば、資格を取った人こそ、「貼られたラベルを剥がす工夫」が求められることを知っておきましょう。

✓「好きなことじゃないといけない」という強迫観念

私は、2016年に、『朝晩30分 好きなことで起業する』（大和書房）という本を出版させていただきました。「好きこそものの上手なれ」という言葉がありますように、自分の好きなことで起業すれば、努力している感覚もなく、毎日楽しく過ごすことができ、お金のためにやっている人よりも高いパフォーマンスを出すことができる、というご提案をさせていただいた書籍です。

好きなことで起業することには、賛否両論あります。ですが、**私は日々、起業して成功していく人たちを見ていて、「好きでやっている人にはかなわない」ということを実感し**

ています。彼らの発するエネルギー、好奇心、集中力のレベルは、生活のために義務で働いている人のそれとは桁違いです。

　しかし、私の周りにそんな人が多いがゆえに、人によっては、「自分のやっていることは、本当に好きなことではないかもしれない」、「最初は好きだったけど、最近ワクワクしなくなってきたから、このビジネスは止めるべきなのだろうか」などと、迷ってしまうことがあるようです。先述のように、私たち人間のメンタルは、常にアップダウンを繰り返しています。正しい方向に進んでいようが、好きなことをしていようが、必ずモチベーションは変動します。実際、毎日同じことを繰り返していれば、たまに違うことをしたくなることもありますから、**気の迷いなど気にする必要はないのです**。「好きなことでなければならない」と思い込んでいたり、「人間は、好きなことに対しては常に〝モチベーションＭＡＸ〟でいられる」と勘違いしていたりすると、不安になってしまい、行動が止まってしまいます。

　また、「好きなことがない」と悩んでいる方もいらっしゃいます。「起業するなら、好きなことでなければならない」、「好きなことじゃないと成功できない」と思い込んでいるためです。しかし、これは完全な勘違いです。確かに、好きなことであれば、高いパフォーマンスを出せることは事実だと思いますし、日々楽しい時間を過ごせることは間違いありませんが、だからと言って、必ずしも、「好きなことでなければならない」ということではありません。

好きな「環境」や「条件」を考えていない

また、「好きなことで起業」という言葉の意味は、「こと」のみならず、**人、場所、物、時間、働き方など、環境や条件が自分に合っているという意味を含んでいます。**正直申し上げますと、私自身も創業時、特に何か好きでやりたいことがあったのかと問われると、実はそうでもありませんでした。パソコンをいじり倒して壊すこと、文章を書くことが好きと言えばそうでしたが、大好きだったわけでもありません。

私は当時、海外に住んでいる友人とエアメール（手紙）を交換していました。ある日、「これを最近話題のホームページというものにしたら、手紙を書いて送るという面倒なことをしなくて済む」と思い立ち、独学でホームページ制作を勉強しました。今ならSNSを使えば5分で済んでしまうことですが、当時はそんなものは存在しませんでしたので、毎晩1時間くらい、眠い目をこすりながら作業していたことを思い出します。そして、そのホームページに友人から受け取った海外の情報や、現地の日本人に向けた日本の情報を掲載していくうちに、多くの人や企業から広告掲載の問い合わせや、情報共有をいただけるようになったのです。

さらに、そこで得た学びを備忘録的に発信していくうちに、「先生、教えてください」とパソコン活用のコンサルティングやEメールマーケティングの勉強会開催の依頼を受けるようになりました。「え？ 先生ですと？ この俺が？（エヘ顔）」。**会社でうだつが上がらず、上司やその取り巻きに嫌われていた自分にとって、多くの人や経営者から「先生」と呼ばれたことは、まさに〝超快感〟でした**。崇高な理念も何もない単なる自己満足でしたが、振り返ってみれば、好きになれる自分が、好きな人（自分を先生と呼んでくれる人）のために、自分がいつもやっていることをしてあげた、と言えるかもしれません。

✓好きなことでなくてもいいが、嫌いなことは続けられない

一方で、いわゆる「簡単に儲かる」と、ショート動画などで盛んに煽ってくる〝せどり〟には、何度も挑戦しましたし、広告に釣られて高額なコンサルティングを受けたりもしました。リサーチして、仕入れて、検品して、写真撮影をして、サイトに商品情報を掲載して、自宅の倉庫スペースに並べる。注文が来たら梱包して送る。それで数百円～数千円の利益。不良在庫、クレームもある。確かに単純作業で楽と言えばそうでしょうが、どうにも苦しい。「この仕事、誰の役に立っているのかな」、「梱包ってめちゃくちゃ面倒」など

と感じ、注文が入ると舌打ちしてしまう始末。転売ヤーなどと揶揄され、お店、消費者、販売サイトから迷惑がられ、規制される方向の顚末に。お小遣い稼ぎにはなるのでしょうが、私は、何回やっても辛くなってしまい、続けていくことができませんでした。**「好きなことを追い求めてもいないけど、嫌いなこと、意義を感じられないことは、続けていくことができない」**。それが私にとっての現実でした。

私が、あなたにお伝えしたいのは、「好きなことに執着しなくていい。**でも、嫌いなことはきっと続かないから、やらないほうがいい**」ということです。ですが、「好きなことである必要はないけれど、**続けていくために〝働き方〟には大いにこだわってください**」ともお伝えしたいと思います。

長年仕事をしていれば、自分に合わない環境、条件などは、ある程度わかるようになっているはずです。たとえば、私の場合は、嫌味な上司、満員電車、定時出社／退社、社訓斉唱などが苦手でした。今、私は起業支援の仕事を日々楽しんでいますが、もし、「毎朝9時までに、満員電車で通勤するように」と言われたら、確実にパフォーマンスが下がり、退職まで半年持たない自信があります。私にとって、それは辛すぎることなのです。こう言うと、「結果が出れば、儲かれば好きになるだろ」と思う方もいらっしゃるでしょう。はい、ぜひやってみてください。断言することはできませんが、多くの人の場合、うまくいったとしても続けられませんから。ですので、**もしそうなってしまったとしても、皆同じですので安心してください。**

6 自分にできるビジネスの簡単な探し方

「あなたにとっての日常」に需要がある

では、どのような視点で自分が手掛けるビジネスを探し、決めれば良いのでしょうか？

私のおすすめは、「あなたにとっての日常」を切り取ることです。たとえば、以下のようなことです。

①毎日の仕事でやっていることを、別の人（会社）のためにやる
②一人で楽しんでいることを、皆で一緒にやる
③家庭でやっていることを、別の家庭のためにやる

これら、仕事、趣味、家庭の３軸は、私たちが何となく毎日やっていることです。仕事

や家庭については、もしかすると義務感もあるかもしれませんが、趣味であれば〝好き〟がベースにあるので、ビジネス化のハードルが低いと感じる人もいるでしょう。どんな理由であれ、**この3つは、あなたが一定期間、続けてきたことであり、また、需要面でも大きく外す可能性の低いものです**。だからこそ、最初のビジネスネタにできる可能性があります。最初ですから、深く考える必要はありません。ニーズ、価格、集客、会計、一瞬でも「わからない」と感じてしまえば、「難しい」→「面倒くさい」→「いつか時間のある時に……」などと、どんどんやらない方向に向かってしまいます。

また、今の段階では、物事を大きく考えることも避けましょう。「同僚と一緒に退職して、（今の勤め先と同業の）会社を立ち上げよう。自分だったらもっとうまくやれる」とか、「自分の発明を商品化すれば売れるはず。自分で生産できる体制を作ろう」などと考え始めると、人件費も設備投資も大きくなりがちです。まずは人を巻き込まず、自分一人で、小さな投資でスタートできることから練習です。初めてのことは、大体うまくいかないのですから。

アイデアのブレストはAIともできる

では、ここで一緒にブレストをしてみましょう。まずは練習です。あなたが家で毎日のように〝家事〟をしているとして、家事をビジネスにできないかを考えてみます。こういう時こそ、ＡＩを活用します。

① Google Gemini（https://gemini.google.com/app）に、「家事の種類を細かく教えて」と入力します。すると、以下の答えが返ってきました。

「家事の種類」は、大きく分けて8種類あります。

1．料理
献立決め・買い物・調理・後片付け・食器洗い・食器の片付け・食器棚の整理・冷蔵庫の整理・食材の保存・キッチンの掃除・シンクの掃除・ガスコンロの掃除・レンジの掃除・炊飯器の掃除・トースターの掃除・包丁研ぎ・調理器具の掃除

2．洗濯
洗濯物の分類・洗濯・脱水・乾燥・洗濯物干し・洗濯物のたたみ・アイロンがけ・洗濯機の掃除・洗濯槽のカビ取り・洗濯物の収納

3．掃除

床の掃除・掃除機がけ・フローリングの拭き掃除・畳の掃除・カーペットの掃除・トイレの掃除・浴室の掃除・キッチンの掃除・窓掃除・換気扇の掃除・エアコンの掃除・家具の掃除・玄関の掃除・洗面所の掃除・寝室の掃除・収納の掃除

4．育児／介護

食事・排泄・入浴・着替え・睡眠・遊び・教育・健康管理・移動・コミュニケーション

5．家計管理

収入の把握・支出の把握・予算の設定・支払い・貯蓄・投資・保険・ローン・税金

6．収納／整理整頓

モノの定位置を決める・不要なモノを捨てる・収納スペースを有効活用する・モノをきちんとしまう・モノを探しやすくなるようにする

7．生活環境の保守／交流
電気やガスの安全点検・水道のトラブル対応・ゴミ出し・郵便物の仕分け・近所付き合い・地域の行事に参加

8．季節行事
年賀状の準備・節分の準備・ひな祭りの準備・こどもの日のお祝い・七夕の準備・夏祭りの準備・盆踊りの準備・秋の行事・クリスマスの準備・お正月の準備

これらの家事を細かく分けると、さらに多くの種類に分けることができます。また、家事の種類は家庭によって異なる場合もあります。例えば、ペットを飼っている家庭では、ペットの世話も家事の一つになります。（引用・Google Gemini ２０２４年４月12日 https://gemini.google.com/app）

いかがでしょうか？　こんなことも簡単にやってくれるＡＩってすごいですよね。〝家事〟と言ってしまえばひと言ですが、これだけ細分化できるということです。参考にしてください。

②次に、それぞれに、「サポート」「代行」「グッズ」「教育」「コミュニティ」などの言葉を掛け合わせてみましょう。そして、それぞれどんなビジネスが想定できるかを、AIと壁打ちします。たとえば、以下のような感じになります。

・「不用なモノを捨てる×代行」のビジネスを教えて
・「不用なモノを捨てる×グッズ」のアイテムを教えて
・「不用なモノを捨てる×教育」のコンテンツを教えて
・「不用なモノを捨てる×コミュニティ」の種類を教えて

質問（プロンプト）は、もっと上手な聞き方もあると思いますので、思うまま、いろいろなパターンで試してみましょう。あれこれ聞いてみると、以下のような回答を得ることができました。

1．代行
不用品回収（買取）代行・遺品整理代行・ゴミ屋敷片付け代行・家具／家電の処分代行・

不用品フリマ出品代行

2．グッズ
ゴミ袋・ダンボール・ハサミ・ガムテープ・ラベル・軍手・マスク・作業着・手袋・工具・整理整頓ノウハウ本・整理整頓アプリ・整理整頓ゲーム・整理整頓ノート・整理整頓カレンダー

3．教育
整理整頓講座（ワークショップ）・整理整頓の自己啓発教育・整理整頓の資格

4．コミュニティ
不用品のシェアリングコミュニティ・フリマ参加

いかがでしょうか？　家事が苦手でも、この中の1つくらいなら、できること、続けていけることがあるかもしれません。名前の付いた資格試験のあるスキルでなくとも、お客様のために一生懸命できること、こだわりがないのなら、とりあえず、需要があることが

確定している〝家事代行〟でも構いません。「家で毎日やって疲れているのに、仕事でも家事なんかやりたくないわぁ」と思うなら、別のテーマでブレストしてみましょう。そして、**自分にできそうなこと、既存のサービスや製品をより良くできそうなことが見つかったら、とりあえず〝それ〟に仮決めしてください**。

✓「続けていける条件」を見つける

ここからは、それでも起業準備を進められない人のために、「できること」の呪縛、そして、「好きなこと」への執着から、自らを解放するワークを行います。まず、前提を整理します。

・できること＝「資格」ではない
・好きなこと＝「絶対」ではない
・続けられること＝「環境」や「条件」が大事（どこで何をするか）

できることと言うと、資格をイメージする人が少なくありません。そして、それらには〝名前〟が付けられているため、そのようなものを持っていない場合、「私にはない」と短絡的に考えてしまいがちです。しかし、たとえば、飛び込み営業を長くやってきた人には、靴磨きのスキルがあるかもしれませんし、合間に立ち寄れる〝息抜きスポット〟に詳しいかもしれません。そして、長年続けられたということは、向いているのか、センスがある証拠でしょうから、営業代行サービスを始められるかもしれません。「癒やし系だね」と言われる人も、〝癒やしマスター〟などという資格を持っているわけではないでしょうが、それは立派な強みであり、「私は人を癒やすことができる」と言ってしまって問題ないのです。

また、「好きなことでなければいけない」という縛りもありません。最終的には、好きとか嫌いとか、飽きとか、やる気に振り回されない、日々の業務と感情を切り離す仕組み作りを目指しますが、**今の段階では、続けられることを選定しましょう**。働き方、人、場所、時間など、あなたにとっての〝続けていける条件〟は何でしょうか？

質問5　あなたが持っている、資格（スキル）は何ですか？

質問6　あなたが持っている、特別な名前の付いていない能力（よく褒められる／なぜか人より上手にできるなど、細かく考えなくてもＯＫ）は何ですか？

質問7　あなたが持っている、スキル以外の起業リソースは何ですか？
質問8　あなたが借りることができる、あるいは、買うことができる、他人（協力してもらえる人）の持っている起業リソースはありますか？
質問9　あなたが持っている、あるいは借りることができる、ビジネスに使えそうな〝権利（利権）〟は何ですか？

いかがでしょうか？　たとえば、私の場合はこんな感じになりました。

質問5　特になし
質問6　声がいいと言われたことがある
質問7　会社員のまま起業した体験がある＆起業を目指している仲間がいる
質問8　特になし
質問9　特になし

残念ながら、5つ中3つが〝特になし〟という結果ですが、「会社員のまま起業した体験について、起業を目指している仲間に向けてセミナーや動画で発信する」という仕事ができています。では、たとえば、左のような結果になった人がいたらどうでしょうか？　自分のことより他人のことはわかったりするものです。どんなビジネスができそうですか？　練習してみましょう。

質問5　調理師免許
質問6　料理を作るのが早いと言われる
質問7　施設で高齢者用の給食を作っていた経験がある
質問8　特になし
質問9　体力がある

自分で考えることもできますが、ヒントが欲しい方は、ここでもまたＡＩに聞いてみましょう。たとえば、ChatGPTとGeminiに、それぞれこんな質問をします。

「あなたは調理師免許を持っています。特技は料理を早く作ることです。過去に、高齢者向けの給食を作っていた経験があります。そんなあなたが起業するなら、どんなビジネスをやりますか？」

すると、高齢者向けヘルシー宅配弁当サービス、高齢者に特化した料理教室の開催、高齢者施設向けのコンサルティング、移動販売、緊急食事サポートサービス、健康的な食生活の普及活動など、様々なアイデアが出てきます。さらに、月額制の定額制と単品注文の両方を検討しましょうと、丁寧なアドバイスまでもらうことができました。これらを入り口として繰り返し質問していけば、さらにたくさんのアイデアが見つかるはずです。

ちなみに、この方は実在している人で、今現在、料理コミュニティビジネスの立ち上げに精力的に取り組まれています。**高齢者向けの食事を作っていた経験にはとらわれず、自由に発想した結果です**。その選択もすべて、起業する人の自由なのです。

AIが出してくれるヒント以外にも、可能性はたくさんあります。質問5～9の回答を確認できたら、実例を参考に、あなたにとっての実現可能なビジネスを探ってみましょう。ここから選んでスタートすれば、すでに需要があることがわかっていますので、大きく前進することができます。

・最新起業アイデア実例集・あなたにもできるビジネスは？

（https://kigyo18.net/kigyo-idea-jitsurei.html）

7 アイデアがあっても行動できない理由

✓「面倒くさい」が一番厄介

ここまでいかがでしょうか？　最初にやることはわかった。ＡＩがヒントも出してくれる。実例一覧の記事も読んだ。お金もそんなに使うわけではない。時間も夜や週末なら多少は取れる。それでも、行動に移せない方がいらっしゃるとすれば、以下のいずれかが原因のはずです。

①本当にそのアイデアで良いのか（うまくいくのか）自信がない
②そのアイデアを実現するために、何をすれば良いのかがわからない
③何となく動けない、先送りしてしまう

「①」は当たり前です。自信がある場合でも根拠はないわけですから、なくても似たよう

なものです。**自信を持つ方法は簡単です。ネットで、「同じことを考えている人がいるか」を調べてみましょう。**〝最新起業アイデア実例集〟から選んだものであれば問題ありませんし、独自のアイデアの場合は、Googleやスキルシェアサイトで、同じようなことをやっている人のサービスやブログを探してみましょう。Googleに表示される広告も要チェックです。「アクティブな同業者がいる＝市場がある」と捉えることができます。**同業者がいない場合、大当たりする可能性もありますが、集客が困難になる可能性もあります。**最初は避けたほうが賢明です。

市場があるとしても、「自分にできるのか自信がない」という方もいらっしゃると思います。これについても、お金をかけすぎていなければ、そんなに難しく考えなくて大丈夫です。あなたも過去に、美味しいかどうかわからないレストランや居酒屋に行ってみて、イマイチだった経験くらいはあるでしょう？　時間もお金も損をして悔しかったかもしれませんが、「あそこには行かないほうがいい」など、話のネタにしたこともあるのではないでしょうか？　**小さな失敗なら、大したことないかすり傷です。**「いつか動画や講演のネタにしてやる」くらいの気持ちで、とりあえずやってみましょう！

「②」の場合も、深く考える必要はありません。一般論としては、ニーズの把握、競合分析、事業計画書を書くなどと言われますが、本書をここまで読んでいただいた〝小さな起業〟を目指すあなたには、そんなものは必要ありません。**とにかく、今すぐ売り出してみましょう**。スキルシェアサイトに登録する、ネットショップを立ち上げる、必要な機材があるなら購入またはレンタルする、知識を補完したいなら実用書を買う、そうすれば30分後には偉大な一歩を踏み出せるはずです。すぐに動けないのなら、そのアイデアが今のあなたにとって大きすぎるというサインです。

すぐに、以下のサイトをチェックして、販売に向けた準備を進めましょう。

・クラウドワークス【代行】(https://crowdworks.jp)
・ココナラ【代行・サポート】(https://coconala.com)
・ランサーズ【代行】(https://www.lancers.jp)
・ストアカ【講座】(https://www.street-academy.com/teach)
・Airbnb【レンタルスペース】(https://www.airbnb.jp/host/homes)
・カリトケ【時計シェア】(https://karitoke.jp)
・BASE【物販】(https://thebase.com)
・SUZURI【オリジナルデザイン物販】(https://suzuri.jp)

これらのサイトが利用できないアイデアである場合も、「○○ビジネス　立ち上げ方」のように検索すれば、必要な許認可や段取りが整理された記事がいくらでも出てきます。参考にしつつ進めていきましょう。ちなみに、このような検索キーワードの場合は、ＡＩの回答よりも、現場の経験者や業者さんが書いてくれた記事のほうが詳しく、正確な場合が多いようです。検索上位の内容が似通ったリライト記事のみならず、**深い階層に埋もれているリアルな一次情報にも、しっかり目を通してください**。

厄介なのは「③」の場合です。「わかっちゃいるけど動けない」という状態に陥る人がとても多いのです。**そんな場合には、起業は止めちゃってください**。やりたくないのですから、やる必要はありません。そのうち時間が経って状況が変わり、やらなければいけなくなったり、すっかり出遅れてマズいと思ったり、どんな理由であれ、やりたくなったら、また始めたらいいじゃないですか。**義務でもない、目前に迫る期限もない、それでもやりたい人だけやればいいのです**。

私のこれまでの経験では、そのような状態になる方の多くは、仕事、お金、生活に恵まれていて、現状に特に不満がないため、たくさんのことをやらなければならない起業準備を「何となく面倒」と感じてしまい、優先順位が下がっています。**今現在、居心地の良い場所にいれば、3年後のより輝く未来より、目の前の苦しさ（面倒）に焦点が当たるのは仕方のないことです**。

このように、自分のスイッチが入らない、居心地の良い場所に安住してしまって意欲がわかないという場合、繰り返しになりますが、無理に起業する必要はありません。今の状態が続くとは限らないと思う人や、その他、何らかの理由で起業したいと思う人なら、また戻ってこられるはずです。

✓メンタルブロック

また、現状に満足しているわけではない、お金に余裕があるわけでもない、それでもなぜかやる気になれないという場合、たとえば以下のような思考になっているのかもしれません。

・時間がない（本業が忙しい・子育てが大変・介護で疲れている）
・お金がない（貯金がまったくない・融資を受けたいが怖い）

・スキルが足りない（資格を取りたい・経験がないのでできない）
・依存心（答え／指示がほしい・雑用が面倒）
・（細かい手続きや会計など）苦手なことが多くて嫌になってしまう
・お金をもらう罪悪感（私なんかが……）
・完璧主義（失敗したくない・まだ勉強が必要・今じゃない・自信がない）

これらの状態になっていることを、私は〝メンタルブロック〟と表現しています。具体的にあなたの行動を阻害するものはないはずなのに、気持ちの問題で前に進めなくなっている状態です。

ですが、考えてみてください。**すべての準備が整う瞬間なんて、一生来ない**と思いませんか？　毎朝の出勤準備でも、もう少し寝ていたいとか、時間があれば先に片付けたい用事があったりしませんか？　それでも、あなたは会社に向かうでしょう。子供が小学校を卒業したらやろうと思っていると、今度は高校受験が終わったら、そうなったら次は、子供が成人したら……。こうなれば、もう永遠に〝その時〟は来ません。**ようするに先送りをしているのです**。

✓ スケジュールを立てていない

確かに、子育て、介護、ご自身の体調など、起業より優先されることはたくさんあり、それは問題ではありません。ですが、見直せるポイントもあるはずです。たとえば、時間がないと思うのなら、以下の4つについて考えてみましょう。

・仕事日の朝（出勤前）の使い方
・仕事日の昼〜夜（仕事中）の使い方
・仕事日の夜（帰宅後）の使い方
・休日の使い方

毎朝、起きなければならない時間ギリギリまで寝ていませんか？　もちろん、お疲れなのは十分わかっているつもりです。私もそうでした。そこを、10分早く起きてみてはどうでしょう？　寝る前にスマホを見ない、お風呂に入る、目覚まし時計を遠くに置くなど、できることはあるはずです。そして、**その10分で、①今日、帰宅後に何をするか、②何時を目標に帰宅するか、その2つを決め、スケジュール帳に書き込んでください。**

本業が忙しい

仕事中の時間の使い方はいかがでしょうか？　これは会社の文化によって異なりますので簡単には言えないことですが、たとえば、上司に気を遣って帰れない、いまだにお付き合いの飲み会がある、残業できないのに仕事は減らず、自宅に仕事を持ち帰っている、有給休暇が取りづらいなど、**自分で改善できそうもないブラック要素があるようでしたら、転職を検討するのも一つの考え方です**。２０２４～25年の今は超人手不足の時代ですから、40代、50代でも、何とかなるかもしれません。**ですが、転職となると、「実態は入ってみなければわからない」というリスクもあります**。生産性を高めれば早く帰れる、リモートワークに戻せばムダが省けるなど、改善の余地があるならば、ＡＩを使ったり、改善案を上司に提案したり、まずは社内で動いてみましょう。

最近、こんな話を聞きました。多くの若手会社員が、「出世したくない」と考えており、責任を負いたくない、この給料でもっと働くなんて嫌だ、部下と上司に挟まれてしんどそう、などの理由で、昇格を打診されても断るかもしれない、と考えているというのです。「なんと嘆かわしい。だから日本は成長しないんだ」などの小言が聞こえてきそうですが、起業を目指す場合、話はちょっと変わってきます。これは賛否両論あると思いますが、**私**

は、起業を目指すのであれば、現在お勤めの会社で無理に出世を目指す必要はないと考えています。いい加減に仕事をしようという意味ではありません。優先順位が変わるということです。たとえば、次のような事例がありました。

機械メーカーのエンジニアとして働くIさんは、コロナ禍で仕事がテレワークに変わりました。また、会社の業績不振から昇給もなく、それどころか賞与が出るかも怪しい状態になってしまいました。

ご家族はIさんの仕事を心配し、転職も考えるようにすすめてきましたが、Iさんはこれを起業準備のチャンスと捉えました。テレワークで通勤時間もなくなり、出張もなくなったことで時間的に余裕ができ、会社も副業を始めることを黙認するようになったことが理由です。

Iさんは、いわゆる〝まじめな性格〟で、「会社に貢献したい」と考えるタイプの会社員でした。ですが、勤めている会社が、比較的のんびりした社風で、長い会議をダラダラとやり、ほとんど残業することもなく帰宅する。そんな毎日を過ごしていました。Iさんは、そんな会社に対して、ストレスを感じていました。「もっとこうすればいいのに！」、「なぜその判断なの？」、「うちの会社は……」と、いつもイライラしていて、「自分がもっと上の役職に就いて会社を変えたい」と本気で考えていたのです。

しかし、新型コロナウイルスの蔓延で状況が一変します。設備投資を控える取引先が増え、注文キャンセルが増加。次第に、試作品やメンテナンスに必要な部品の調達もままならなくなり、業績が急降下し始めたのです。ですが、社内の危機感は今ひとつ。Iさんが、「何とかしないとマズいのでは？」と働きかけても、上司は、「社長が何とかするでしょ」という反応。そして、その社長も特に何もしない。Iさんは、自分の無力さを痛感したそうです。

Iさんは、このことをきっかけに、**「自分の仕事はこれまで以上に努力するが、この船からはいつでも逃げられるようにしておこう」**という気持ちになったと言います。そんなIさんは、今日も起業に向けて準備を進めています。

都内の専門商社にお勤めのAさんは、営業部内の激しい業績争い、管理職同士の派閥（出世）争いに若干疲れを感じているタイミングで、偶然立ち寄った本屋さんで見つけた起業本から、独立することに興味を持ち始めました。

ですが、Aさんが実際に起業準備を始めてみると、すっかり日常になっていた深夜までの残業と休日出勤のために、思うように準備を進めることができませんでした。Aさんがお勤めの会社は、上長の権限が強く、事務所内はいつもピリピリした雰囲気で、怒号が飛び交うことも珍しくありませんでした。そんな上司に、「まだできてないのか」などと嫌味の一つも言われれば、早朝だろうが休日だろうが、真っ先に出社しなければならなかったのです（※今のご時世、こんなことは信じられないかもしれませんが、ゴリゴリの営業会社やオーナー企業、（異次元の）天才社長のいる中小企業などでは、意外とこのような文化が残っていたりするものです）。

しかし、Aさんはここで、「本業が大変なので起業は諦めます」とは言いませんでした。それよりも自分のために、時間を確保することを優先し、「営業成績で上を目指すのはやめよう。上司に気に入られるために残業や休日出勤をすることもやめよう」と決め、「あいつはもういい」と言われる手前ギリギリのラインを狙って働こうと決めたのです。

数カ月後、Aさんは社内の雰囲気から、自分がレールから外れたと感じるようになりました。「1～2位になるのはしんどいし、ビリは手を抜いていると見られて目立つ。10人中7位くらいでいい。時間を確保するには、期待されないくらいが丁度いい」。Aさんは、そんなポジションを確立し、環境が変わらないうちにと、急ピッチで起業準備を進めています。

✓帰宅後と休日にまとまった時間を作れていない

帰宅後の時間はいかがでしょうか？　リラックスもしたい。お子さまや旦那さま、奥さまとのコミュニケーションも大切。子育て、介護、家庭環境もそれぞれですから、これも一概には言えません。ですが、もし、晩酌時間が長すぎるようでしたら、翌朝10分のために、もう1時間早く寝てください。あるいは、スポーツニュースを見る時間が長いようでしたら、そのうちの30分程度を、**関心のある業界のYouTubeを見る時間に変えてみましょう。**P69のスキルシェアサイト登録なども、この時間帯に捻出した時間で終わらせられるかもしれません。

休日はどう過ごしているでしょうか？　ずっと寝ている人もいるでしょうし、友達や家族と遊びに出かける、掃除をする、用事を片付けるなど、まとまった時間を使えるタイミングです。**ここで1～2時間、欲を言えば半日、夢のために使うことはできますでしょうか？**　日々の義務のためだけではなく、夢のために使う時間を確保する。およそ3週間、行動を続ければ、それが当たり前の習慣になります。やらないと気持ち悪くなってくるのです。そうなれば、あなたの起業準備は加速度的に進んでいくことになります。

✓時間以外のリソース不足はアイデアが間違っている

お金がない、スキルや経験が足りないと感じる場合は、選択しようとしているアイデアがそもそも違っています。そこで資格取得に走っても起業するには遠回りになります。もっと今のあなたにとって簡単なことから始めましょう。簡単なことであれば、お金がない(借りるのが怖い)とも、スキルがないとも思わないはずです。ちょっとしたお金で間に合うなら、不用品を売って部屋を整理し、起業準備部屋(スペース)を確保するのはどうでしょうか? きっと気分もアップします。**答えや指示がほしい依存心が出てしまっている場合には、いったん、起業は忘れて、本業のお仕事に集中してください**。このタイプの人は、組織の中にいたほうが良い結果につながるかもしれません。どうしても起業したいと強く思う時が来れば、その時には身体が自然に動くはずです。雑用が面倒なら、誰か頼める人を探しましょう。ご家族であれば、お小遣いをあげればやってくれるかもしれません。**苦手なことが多くて嫌になってしまうなら、パートナー、外注先を探すことです**。外注すれば費用が発生しますが、時間を無駄にし続けることが最大の損失になります。ここは必要な投資として割り切りましょう。お金をもらう罪悪感も、必要とされる価値を提供することに対し、対価をいただくことは当然のことですので、気にする必要はありません。どうしても辛いようでしたら、ボランティアでやってみましょう。そのうち、「これって、お金もらってもいいよね?」と思えるようになりますので、何も心配いりません。

今のステージは、日々の活動が〝習慣化〟されていない状態です。ですので、どうしても、「今日は疲れた」、「明日でいいや」となってしまいますし、それは私にもよくわかります。ですが、**もう少し先に進んで、実際にお客様との取引が始まれば、そんなことは言っていられません**。自分のサービスを待ってくれているお客様がいると、何より楽しくて仕方なくなるからです。サッと起業したいなら、早くそこまで進めてしまいましょう。

8 サラリーマンマインドは役に立つ

最初の一歩から先はサラリーマンが有利

日々、上司からの評価を気にしながら、あるいは、管理職として部下を見ながらお仕事を頑張っているためでしょうか、とにかく、**ノーミス思考で起業準備をしようとしている人が多くいらっしゃいます**。これが、起業準備初期の最大の壁の一つである〝サラリーマンマインド〟です。そんな人たちの口癖は、「これで進めて良いですか？（第三者の承認を得ようとする）」、「これで合っていますか？（人が決めた正解を知りたがる）」、「もうちょっと勉強してから（失敗したくない）」というものです。慎重であり、現状維持は期待できそうな仕事の進め方ですが、残念ながら、ここから新しいイノベーションは生まれないでしょう。

申し上げるまでもないことですが、起業アイデアに正解はありません。何から何まで、もちろん備えはできますが、**許可を得たところで事業主である自分の自己責任ですし、合っているかどうかを知っている人はいません**。そして、ビジネスはいくら勉強したところで、ほとんどが「やってみなければわからないこと」ばかりです。

私の感覚的には、100点満点中20点で大丈夫です。**お金をかけない起業は、「このアイデアなら20点くらいは取れるでしょ！」と思えたら迷うことなく、「GO！」です**。いいじゃないですか、大した損はしないのですから。何もしないで考えているより、よっぽど刺激的で楽しいはずです。やりながら修正して、正解を探しましょう。自分で決められる自由、経営者になったつもりで意思決定を楽しんでください！

実は、最初の一歩をクリアしてしまえば、ここから先は現役会社員のほうが有利なのです。サラリーマンマインドの優れた部分を存分に使いましょう。許可を得てしまえば、指示さえ受けてしまえば、正確にきちんとした仕事ができるのが日本のサラリーマンです。長い期間コツコツと続けていく、理不尽なことがあっても歯を食いしばり働く、決まった時間に決まった場所に行き、黙々と仕事をすることができるのです。これはすごいことです。でも、0→1の意思決定がちょっと苦手。そして、「経営責任を負う」という経験をしたことがないだけで、それ以外は、その辺の経営者なんかよりも遥かに優秀な人が多い。**日頃使っている習慣、耐性、能力を活かすことで飛躍できる可能性が大いにあるのです。**私はそんな人をたくさん見てきました。

〝起業〟と言ったって、やることさえ決まれば、やると決めたなら、その後は会社員と同じ実務の連続です。今は、「やっておいて」と指示を出せる相手はいないのですから、自分でやるしかないのです。途中でガス欠を起こさないように、楽しみながら、適度に休みながら、明日も続けていくだけです。

最初の一歩は「20点」でいい

ではここで、何をクリアすれば20点を取れるのかについてお話しします。もし、起業アイデアがまったく出ていないという場合、P46の「5　それでもなぜ、あなたの起業準備はうまく進まないのか?」に戻り、再度ここまで読み込んでください。

アイデアの仮決めまでできた方は、以下の3つについて確認しましょう。

・個人事業、一人社長レベルの同業者がいる
・自分一人でできる
・お客様一人でスタートできる

今は、この3つがクリアできていれば大丈夫です。進めていきましょう。うまくいく保証がなくても、誰からも承認してもらえず自信がなくても、**お金をかけすぎなければ後から修正することができます**ので、心配いりません。

たとえば、初動はこんなことになるかもしれません。

・少量だけ仕入れてみる
・スキルシェアサイトに登録してみる
・PPTスライドを作ってみる
・日程を決めてセミナー会場を確保してみる

どんなビジネスをするのかによって異なりますが、「20点」でいいと腹が括れたら、迷

わずスタートです。**内容を再確認するために、P29の「3　情報を捨てるための3つの質問」に答えた内容を見返してください**。ここで改めて、「やっぱり自分で動くのは不安だ」、「最初に何をしたら良いのかさっぱりわからない」と感じている方は、P32の「質問2　そのビジネスは、自分で作りますか?」に戻って、フランチャイズや民間資格などのパッケージ購入型の起業を再検討してみましょう。あなたに向いているか、成功できるかどうかは別として、すべてが整っているのなら、お金さえ払えば前に進めることができます。

ただし、**間違っても、妙なネットワークビジネスや、高確率で儲かると謳う投資や転売ビジネスなどには手を出さないでください**。考え込みすぎて疲れていたり、自信がなくて誰かに頼りたい気持ちになっている時には、甘い話に誘われやすくなっていますので、注意が必要です。事実、少し前は20代の若者、今は定年前後の中高年や高齢者を狙った詐欺まがいのビジネスが横行しています。最近では、世直し系YouTuberと呼ばれる人たちが、勧誘が行われている現場に突撃する類の動画がたくさんアップされています。その手法や権利問題に賛否両論あり、世の中を騒がせていますが、情報に触れておくだけでも身を守る意識が持てることを考えると、注意喚起としては、案外貴重な情報だったりします。YouTubeで「投資+詐欺」と検索し、動画をチェックしておくことをおすすめします。

9 心の本音を書き出してみる

✓欲望に素直であること

では、ここでワークを行います。お題目ではない、誰から強制されたわけでもない、誰かに見せるわけでもない、あなたの「真の目標」の設定です。**心の本音を再認識することで、起業を前に進めるのか、やっぱり止めるのか、自分自身の判断基準、指針にしていきます。**誰にも見せませんから、本音でやってみてください。奥さまにも旦那さまにも、彼氏にも彼女にも、誰にも内緒の心の声です。

質問10　あなたがあなたの人生で、どうしてもやりたいことは何ですか？

質問11　あなたの幸せにとって、本当に大切なことは何ですか？

質問12　あなたの理想の人生は、どんな人生ですか？

質問は3つですが、1つの質問と捉えていただき、以下のテーマそれぞれについて、シンプルに答えてみてください。**「～ほしい」、「～したい」ではなく、すでに手に入ってい**

る体で書いてみましょう。

・生活する場所
・一緒にいる人
・働き方
・お金
・社会的地位
・仕事のチーム
・プライベートの友人
・健康
・その他

●新井の場合

・沖縄の離島と東京の2拠点生活をしている
・愛する家族と一緒にいる
・生涯現役で週3日働く

・老後不安のない収入源を複数保有している
・起業支援の第一人者と言われている
・価値観を共有するチームで働いている
・J君とT君の2人と仲良くしている
・週2の筋トレを継続し、エネルギーがあると言われている

何だかカッコよくまとめすぎですね……。「うそつけお前」って感じですよね。これは本来は誰にも見せない目標です。心に火を灯すためには、もっと、本音で書かなければ……。たとえば、私の知り合い経営者、Xさんの本音を見てみましょう。

Xさんの場合

・自宅のタワマンと、たまに一人になれるワンルームを所有
・友達
・仕事は55歳まで
・資産3億円・月収1000万円プレーヤー
・業界シェア1位

・優秀な人材が次々と入社してくる
・港区で芸能人や有名経営者と飲む
・ずっと若いと言われる

本当は、もっともっと本音が書かれているのですが、書籍ですのでこのあたりまでとさせてください。

✓本音は指針になり、自信につながる

あなたはぜひ、もっとストレートに、あなたの欲望／渇望を、心が反応する本当のことを並べてみましょう。それらを名刺サイズの紙に書いて、裏面には今日の日付を書いて、お財布の中にしまっておいてください。あなたが何かに迷った時、大事な判断をする時だと思った際に、誰もいない場所で、その紙を見てみましょう。自分にとって何が正しい判断なのか、感じることがあるはずです。

この紙は、毎年一度、決まった日にアップデートしましょう。内容はあなたの現在位置によって変わってきます。10年後に今日作成したカードを読み返した時、あなたが行動し

カードに書いた方向に舵を切れるか

てきたならば、たくさんの理想が現実になっていることに驚くとともに、様々なことに感謝し、自信を深めることになるでしょう。

第1章

起業STAGE I

売上0～1万円は「ありのままの自分と向き合う」

思考編

起業したいなら、注目されない存在であれ

1 起業のことをペラペラ話したくなる症状

✓メリットよりデメリットが大きい起業宣言

踏み出す最初の一歩も見えた。人には言えないけど、自分のコアに刺さり、心に響くような本当の願望もわかった。後はやるだけ。そんな風に気持ちが整ったでしょうか？「いつか起業したい」、「うまくいったら会社を辞めて自由になりたい」、そんな思いから、「やるぞ！」とギアが入ったでしょうか？　そうなっていれば、もう大丈夫です。インターネット上に溢れる、「起業なんて簡単」、「誰でも稼げる」、「1カ月で月収7桁」といったウソ情報や、ありもしない夢ばかりを語る怪しい勧誘に惑わされることもありません。

しかし、ここで気を付けなければならないことがあります。**それは、「今の気持ち、決**

意を、ペラペラと周囲に口外してはならない」ということです。誰かに言いたい気持ち、友人に宣言したい気持ち、ワクワクが止まらない気持ちはよくわかります。しかしながら、もし、**あなたを快く思っていない人に、あるいは、アドバイス大好きな〝べき論者〟に知られることになったら、残念ながら高い確率で、あなたの起業はうまくいかずに終わってしまう**でしょう。

私は、これまで20年以上にわたって、起業を目指す会社員の皆さまの成功と挫折を見てきました。そして、成功する人、早々に挫折していく人それぞれに、いくつもの共通点があることがわかりました。結論から言ってしまえば、驚くほどあっさりと挫折する人の共通点が、この「突発的なやる気×自分の願望の宣言→基本をすっ飛ばした行動×余計なアドバイスによる混乱」であり、成功する人の共通点は、「静かなる本気×自然体→着実なステップ×信頼できる人からの支援」だったと言えます。

第0章でも申し上げました通り、起業準備は長距離障害物走です。**「成功するぞ！」など高らかに宣言して、自ら退路を断ったり、周りに過度な期待をさせたりしても、何の意味もありません。**有言実行で本当にできれば問題ないのですが、思うようにいかないこともあれば、勤務先やご家庭で想定外のことが起こることもあるでしょう。そんな止むに止まれぬ事情で起業準備が進まなくなった時、真面目な人ほど、宣言してしまったがゆえに、自分を追い込んでしまったり、自己嫌悪に陥ってしまったりするものです。そんなことになってしまえば、次に立ち上がるまでの時間が長くなってしまいますし、「あいつ、また何か言ってるよ」、「今度は何をするつもり？」といった類の周囲からの雑音も邪魔になるでしょう。

あなたが起業に向けて行動し始めたことが人に知れると、あなたの周りにはたくさんの人が現れます。大体、以下のようなバランスです。

・口では「応援するよ」と言って何もしない人（50％）
・無反応／無関心な人（25％）
・あなたの失敗をどこかで期待しつつ眺めている傍観者（10％）
・実際に応援してくれる人（５％）
・心配してくれるがゆえに反対する人（５％）
・実際に邪魔する人（５％）

彼らはそれぞれの立場で、あなたに意見を伝えてきます。「親らしくしなさい」、「会社員らしく真面目に働きなさい」、「自分らしさを失わないようにしなさい」。**あなたはたくさんの〝べき論〟を浴び続けることになり、否が応でもその影響を受けていきます。**

知人の余計なアドバイスで混乱してしまった例

私の周りには、その〝べき論〟に潰されてしまった人がいる一方で、それを寄せつけず楽になれた人たちがたくさんいます。

たとえば、東京の会社員Kさん。Kさんは、自身が起業を目指していることを多くの知人に宣言。その中の一人から、「起業家には良質な人脈が必要であり、そのためには、エグゼクティブの集まる場に出入りし、友達付き合いをするべき」とアドバイスを受けました。Kさんは、そのアドバイスを信じ、起業準備を始める前に、港区の社交場や異業種交流会に通ったり、有名人のオンラインサロンに参加したりと、多額のお金と時間を投じました。しかし現実は、もらった経営者や芸能人の名刺は増えたものの、それで何かが起こることもなく、結果、Kさんは、お子さんが生まれたことをきっかけに、起業準備から撤退することになりました。ご本人の決断であり、今は会社員として立派にお仕事をされている方に他人がとやかく言うことではありませんが、この起業へのチャレンジ経験が、ご本人やご家族の中で〝悪い思い出〟に変換されていることを聞いた時は、ちょっぴり寂しい気持ちになりました。**初動を間違えなければ、違う結果になっていただろうと思うからです**。

✓自分の願望だけを伝えて猛反対された例

千葉県のAさんも、起業すると決意し、周囲の友人や同僚たちに、「お金持ちになるぞ！」と高らかに宣言。活動を開始したのですが、その後に婚約した彼氏が起業に猛反対。活動を止めることになりました。Aさんは、「私は起業より男を選んでしまった。自分の弱さが……」と落ち込み、しばらくの間ふさぎ込んでしまいました。そして、「起業するんだって？」と聞かれる度に、事情を説明し、謝り倒しています。そもそも自分の人生の選択ですから誰に謝る必要もありませんが、**そんな宣言などしなければ、余計な気遣いもしなくて済んだのに、ということです**。

余計なことを言うから、余計に面倒なことになる。わかっちゃいるけど、それでもどうしても人に言いたい、宣言しないとやる気になれないという方もいらっしゃると思います。確かに、自分の想いや活動を周りの人に知ってもらえれば、協力を得ることができたり、チャンスを掴むことにつながったりする可能性もあります。どうしても言いたい、周りの雑音は気にならない、有言実行で成功までやり切れる自信があるという人に関しては、心から信頼できる知人にだけは伝えてもいいでしょう。ただし、その場合でも、一つだけ注意しておいてください。それは、自分が成功したい、自分の時間が欲しい、自分がお金持ちになりたいといった、第0章で言語化した〝**自分の願望**〟**だけではなく、家族のため、人のため、地域のため、社会のためといった、「人が共感、応援してくれる話」も一緒に伝える**ということです。本質的に、ビジネスとは、人や社会に役立つことをして、その「ありがとう」のおすそ分けをいただくものです。日々の仕事は、自分や家族の生活のためであることは確かですが、起業はそれだけでは足りません。どうせ宣言するのなら、味方、仲間が増えたほうがいいですよね。

言葉を選び、信頼できる人だけに伝えて成功した例

こんな方もいらっしゃいました。「私は母親になったのだから、起業なんて考えてはいけない」。そんな思考にとらわれ続け、いつの間にか2年の月日が流れてしまったMさん。紅茶が大好きで、長年、ティーパーティーの企画開催、茶葉を販売する事業をしたいとい

う夢を持ち続けていました。しかし、お子さんが生まれてからは、「母親らしくしなければ」、「自分を育ててくれたお母さんのように、自分も子供と一緒にいるべき」との義務感が強くなり、幸せな生活を送りながらも、なんとなくモヤモヤしている毎日でした。

このままでは精神的に参ってしまうと感じたMさんは、ある日、早めに帰宅してきた旦那さまに、思い切って自分のモヤモヤを打ち明けてみました。好きなことをする時間が欲しいこと、会社に戻るより起業したいこと、母親として幸せであり、子供のために自分もお金を稼ぎたいことなど、思いをストレートに吐露したのです。Mさんは、「こんなことを言ったら何と言われるだろう」と憂鬱な気持ちになっていましたが、旦那さまの反応は、「やってみたらいいよ。応援するよ」と予想外のものでした。案ずるより産むがやすしだったのです。Mさんは、旦那さまやご両親の協力を得て、ゆっくりマイペースで、パーティーを主催したり、紅茶のセミナーを開催したりと、毎日を楽しんでいらっしゃいます。子育てにもより楽しく向き合えているようです。

本書をお読みくださっているあなたもきっと、真面目にお仕事をされている、責任感のある会社員や主婦の方であろうと想像します。余計なことは言わず、言うとしても本当に信頼できる人だけに留め、**そのままの自然体のあなたで粛々と取り組めば、十分に成果は**

出せます。それが私の結論です。

2 起業を妨げるたくさんの症状

この「起業STAGE Ⅰ　売上0〜1万円」では、「突発的なやる気を抑えられず、周囲に自分の願望を宣言したくなる」以外にも、たくさんの良くない症状が具現化されてきます。どれも起業準備を阻害する要因になりますので、今すぐ修正をかけましょう。たとえば、こんな症状が出ていませんか？

✓もっと効率的に、楽に始めたい

〝効率〟を気にしてしまう人は少なくありません。確かに、仕事を効率化し、負荷を減らすことは、継続していく上でもとても大切なことです。お勤めの会社でも、「なぜこんな効率の悪いことをしているのだろう、うちの会社は変だ……」などと思うこともあると思います。しかし、本当に効率化できるのは、日々のルーチンワークか、あるいは、過去に何度か経験した業務の話だけです。**生まれて初めてやることに、そんな都合の良いショートカットがあるはずもなく**、失敗しながら試していくしかありません。

たとえば、ネット広告などを眺めていると、「パソコンで簡単な作業をするだけで、他の面倒な作業はすべて代行します」といった無在庫系EC代行サービスを見かけることがあります。サポート万全で、とても効率的に、楽に起業できそうですが、それとて、もっとも難しい「売れる商品のリサーチ」や、とても手間がかかる「ECサイトへの出品作業」、常に急かされる「顧客対応」などは、こちらでやらなければならないことが多く、25〜50万円程度の契約金を受け取った業者さんが代行してくれる作業は、仕入れ元の海外サイトや自社商品の紹介、売れた商品の発注と発送、ECサイトへの出品（有料オプション）程度で、**作業に慣れ、販売する商品の目利きができるようになるまでは、自らの手で、地味な作業を延々と、嫌になるほど繰り返さなくてはならないのです**。業者さん側から見れば、手間のかかる作業を、お金をもらってアウトソーシングできる奇跡のビジネスモデルなのですが……。

少しでも楽に、効率的に、効果的に、と考えるのは当然のことですが、「本気でお客様のために考え、動くことから逃げてはいけない」。それだけは、忘れないようにしましょう。それができない人には、残念ながら起業は向いていません。そして、**〝丸投げOK〟という類の言葉が出てきた場合には、どこまでを自分でやらなければならないのか、事前に十分に確認するようにしてください**。

✓かっこよく起業したい

「かっこよく起業したいので、誰にも相談できない」。これもよくあるお話です。ある日突然、成功者としてカミングアウトし、驚いた周囲から羨望の眼差しを向けられるのは、確かに超快感でしょう。あるいは、「失敗した時にいじられるのが嫌」という方もいらっしゃると思います。先述の〝高らかに宣言したい人〟とは真逆の性格で、あまりにも誰にも言わなさすぎ、頼らなさすぎで、一人で行き詰まってしまうパターンです。身近に力になってくれそうな人がいるのに、人に頼るのは嫌だというプライドや、私なんかのために申し訳ないという気遣いがそうさせるのでしょうが、**本当に信頼できる人であれば、助けを求めることは決して悪いことではありません。**きちんとお礼をすれば良いことですし、もし断られてしまったとしても、それはそれで仕方のないことです。さっさと切り替えていきましょう。

もし、「身近な人には絶対に知られたくない」ということでしたら、もちろん、宣言も相談もする必要はありません。ですが、「わからないことだらけでどうにもならない」ではどうにもなりませんので、そういうことであれば、起業の基礎セミナーを受けてみることをおすすめします。いきなり融資について学んだり、アイデア出しをやったところで身になりません。また、「○○起業で稼ぐ」といった類の高額パッケージを購入したところで、自分に合うかどうかはわかりませんし、与えられたものを使っているだけでは、自分で生きていく力は身につきません。最初は、数千円程度で〝起業の全体像〟が掴める内容のセミナーをいくつか受けてみると良いでしょう。いきなり誰かに相談したとしても、基礎知識がない状態では、会話すること自体が難しくなってしまいますし、まずは、最低限の準備をした上で、自分に合いそうな講師や、自分にもできそうなやり方を提示してくれた講師に、その先の質問、相談をしてみると良いでしょう。

1円の損も許せない

また、「1円の損も許せない。交通費も出したくない」。このステージでは、**金銭的な損得を優先してしまい、せっかくのチャンスを逃す人もたくさんいます**。

たとえば、こんなことがありました。起業の最初の一歩として、言いたいことが言える人になるコミュニケーション術のセミナーを開催していた関西在住のNさんは、忙しい本業の合間を縫って、月に1〜2回のセミナーを開催する生活を送っていました。本業でも転職したばかりで、仕事に慣れるまではセミナー開催のペースを落としていたために、売上は、平均すれば月1万円程度。そろそろ回数を増やそうかなと思っていたところです。

そんなNさんにある日、1通のメールが届きました。それは東京にある有名企業の企画担当者からのもので、Nさんのスキルに興味を持ったので、登録者80万人を超える動画チャンネルのライブ配信にゲスト出演してほしいというオファーだったのです。スタジオは東京で、ギャラは3万円。超メジャーチャンネルに、何とギャラをもらって出演し、自分をPRできる。信じられないようなチャンスです。ですが、Nさんの心の反応は、「え、3万円？　宿泊費や交通費は出ないわけ？　赤字じゃないか……」というものでした。

Nさんのお気持ちはすごく理解できます。私も同じでした。**「働いてお金が減るなんてありえない」。そんな守りの感情になってしまうことは、誰にでもあることです**。このステージでは、チャンスをチャンスと捉えられない、チャンスと認識できても怖くなってしまうことがよくあります。Nさんがすぐ私に相談してくれたので、「絶対受ける案件。絶対！　広告費に換算したらすごい価値ですよ！」とお伝えし、Nさんも前向きに再検討いただけたため、無事に出演が決まりました。

このような話は、起業初心者に限ったことではありません。プレゼンスキルの講師で、すでに成功者と言える実績を出しているSさんも、ある地方自治体から講演依頼を受けた際、「交通費が出ないのなら赤字になるので、お断りしようと思いますがいかがでしょうか？」と私にご相談くださいました。同じく私は、「絶対やって。行政とのお仕事実績は、信用獲得に絶大な効果があるから！」とお返事しました。Sさんもまた、自腹で飛行機のチケットを買い、現地で講演会を大成功させました。**プロフィールにすればたった一行の講演実績ですが、そこから得られる今後のお仕事への好影響は計り知れません。**

「損をしたくない」。当たり前の感情ですが、その先行投資によって得られるメリットが計算できるのなら、あるいは、**金銭的なリターンはマイナスであっても、信用構築にプラスに働くと思える投資なら、思い切ってやってみる**のも一つの手です。投資0円、1円起業のようなビジネスはありえませんので、交通費、新聞図書費（書籍など）、研修費（セミナー参加など）、会議費や交際費には、必要ならば投資してみましょう。**断片的な無料情報を漁っていても時間がすぎるばかりですし、すべてが整った安全地帯でぬるま湯に浸かっていては、起業家マインドも課題解決力も育ちません。**ただし、その投資額については、今のステージではせいぜい月数万円程度までに抑えておきましょう。そこは忘れないように管理してください。

✓考えるのが億劫で、誰かに指示を出してもらいたい

「考えるのが億劫なので、指示されたい」。これも、とてもよく見るこのステージで止まってしまう人の症状です。これについても、お気持ちはよく理解できます。仕事は、自分で何をするのかを決めるよりも、指示されたことを粛々とこなしていくほうが楽だからです。いわゆる意思決定疲れ、判断の面倒くささは、意外と多くの人の行動を阻害しています。

これを回避するには、第0章で触れました、パッケージやマニュアルを購入して始めるビジネスを選択するか、運営母体の傘下に入り、その枠内で活動するかを選ぶことになります。その分、お金はかかりますし、自由は制限されてしまいますが、投資しても良い、何もせず時間がすぎてしまうよりはマシと考えられるようでしたら、第0章「3　情報を捨てるための3つの質問」（P29）に戻って、再度考えてみましょう。

✓思っていた起業と違う

「何か違う」。これも起業支援をしていると、よく言われる言葉の一つです。何が違うのかを言葉にしていただくと、「頑張るのは違う」、「自分らしくない」、「今じゃない」など、モヤモヤとした違和感があるとおっしゃいます。「起業する！」と一度は決めたのに、**こ**

んな感情を払しょくできない場合、厳しい言い方になってしまいますが、起業を諦めるのも一つの選択肢です。これが生活のための仕事であれば、そんなことを言っている場合ではなく、何であろうが働かなくてはなりませんし、やっているうちに楽しさを見出せることもあるでしょう。ですが、繰り返しになりますが、**起業は義務ではありません。**お給料のためでもない、娯楽でもない、さらに、ダイエットや筋トレとは違い、頑張ったところで思い通りに運ばないことばかりです。働けばお給料が振り込まれる。もちろん、そんな世界でもありません。誰から強制されるものでもありませんから、**自ら動けないのであれば、それで終了なのです。**

とは言え、「動けないけど諦めるのはイヤ」。そんな場合もあるでしょう。そんな時は、なぜ自分がそんな状態なのか、自分と向き合ってみてください。多くの場合、P71でご説明したメンタルブロックが原因だと思われますが、「色々あって動けないけど、諦めるのは絶対にイヤだ」と思えているのでしたら大丈夫です。本書をここまで読んでくださっているあなたなら、納得いくところまで続けていくことはできるはずです。そんなあなたが動けないのには理由があります。そして、それは起業を優先できるのなら、解決可能です。

しかし、すでに十分忙しく、左手に仕事、右手に家庭を抱え、背中に親を背負ったような私たちが、これ以上、何かを頑張ろうとすれば、心や身体が壊れてしまう可能性があります。**頑張りすぎないこと、無理をしないこと、そこを忘れないようにしてください**。計画を立て、その通りに進めようと思うことを止めてください。そして、「うまくやりたい」とか、「成功したい」と思うことも、今すぐ止めてください。ノープランの旅に出る感覚で、ゆるく、リラックスしてください。お金もスキルも時間もない、スター性もカリスマ性もないのが〝普通の人〟である私たちです。**いきなり、やったこともない起業で成功するわけがないじゃないですか**。だから気楽に練習するだけです。過度に期待すると、望んだ結果が出せなかったらどうしようと、ますます動けなくなってしまいます。自然体のあなたで、起業したいと初めて思った時を思い出してください。お金を稼げるようになりたい、生涯現役で働きたい、自由な働き方を実現したい、パワハラ上司から解放されたい、人に夢を与えたい。会社が良くなってくれる、誰かが何かをしてくれることを待つのではなく、自分の手で、幸せな仕事と働き方をしたいと願ったあの瞬間の心を取り戻し、今のメンタルブロックと向き合ってみてください。前に進めるあなたに出会えるはずです。

生活に変化があるから、すべてをリセットしたい

生活でひとつ変化があると、すべてをリセットしたくなる、持っているものすべてを

キャンセルして、元サヤに戻ることに全振りする方もいらっしゃいます。最も多いのが、本業の会社で人事異動や昇進昇格があり、「本業に集中したいので起業はやめることにした」というもの。起業準備をしていると、本業に良い影響がでてしまうことが多いのです。次に多いのは、結婚や離婚などの家庭の変化、そして、他にやりたいことができたという類のものです。もちろん、何度も申し上げています通り、その人の人生ですから、他人の私がとやかく言うことではありません。それが大前提です。ですが、私自身は違う考え方で、ここまで生きてきました。柱が一本しかないから不安定、そこに依存しているから強く言えない、退路を断つから足元を見られる。**私はそんな風に考えている人間なので、「自分で稼げる人間になる」という選択は何があってもリセットしませんでした。**それが正解だったのかどうかは、この先の人生で判断することになるのでしょう。ですが、その考えは、これからも変わらないと思います。

3 あなたの動きを重くするものを見つける

やらないことが当たり前になる前に

ここまでご紹介しました通り、**この、「起業STAGEⅠ　売上0〜1万円」は、「とにかく、手足を動かす具体的な行動を起こすこと」だけでクリアすることができます**。パッケージやマニュアルを購入する方は、大きな出費が先になりますが、指示に従って段取りを進めるだけですし、自前でビジネスを構築する方は、アイデアの概要を決めて商品化し、1円の売上をあげるだけです。初めてのお客様は知り合いでも構いませんし、オークションサイトやスキルシェアサイトで販売しても構いません。500円でも、1000円でも、まずは初売上を立ててみましょう！

しかしながら、**起業の夢に向かって行動を起こそうとするあなたには、たくさんの重りがまとわりついています**。無限に出てきてしまうやらない理由、スキルがない、何から始めればいいのかわからない、時間がない、面倒くさい、今日は疲れた、今じゃない……。それぞれの重りに対する対応策は本文中に示した通りなのですが、まずはその行動を阻害する〝重り〟の正体が何なのか、特定する必要があります。

その重りの正体は、意外なものであったりもします。過去の例では、韓国ドラマにはまってしまった、起業準備に時間を割いたらジムに行けなくなって太った、自分の収入が増えることに旦那さまが嫉妬して機嫌が悪くなった、なんてことが原因だったこともありました。**何となくやらなくなる、気が引けているうちに、次第に、「やらないことが当たり前」になってしまったのです**。

どんなことでも構いません。まずは、心のままに、本音を書き出してみましょう。原因がわかれば、解決する知恵が生まれるはずです。

ですが、動けない、動きたくないと思っている時は、その理由を探すのも嫌になっているでしょう。なぜなら、その理由が明確になったら、やらなくてはいけなくなってしまう、あるいは、やらないことを責められているような気分になってしまうからです。もし、**そんな状態になっているならば、「解決しよう」と考えるよりも、「今の自分の気持ちに気付いてあげよう」と切り替えてみてください**。偽りない現状（または現在地）の確認のために、素直な自分の気持ちが表れてくれたら、それだけで大丈夫です。

ここでワークです。なお、今の段階で、「重りはすべて切り離せた」という方は、このワークは必要ありません。飛ばして読み進めてください。

✓ 偽りない現状／現在地の確認

重りチェック①　自分にはどうしようもないと思う理由
例：何か言われた／介護や子育て／家事や本業／時間がない／その他
重りチェック②　心身がついてこないと思う理由
例：疲れる／面倒／病気／その他
重りチェック③　自信がない理由
例：他人と比べてしまう／スキルがない／まだ早い／その他

一応、考え方を書いておきますと、重りチェック①がたくさん出てくる人は〝他責思考〟の状態です。厳しい言い方をすれば、できないことを人のせいにしているということです。②が多く出る人は、気力・体力に問題があり、③が出る人は、起業に対して精神的な負荷がかかっている〝マインドブロック〟があります。**どの状態もこの段階の方によくあることであり、決してあなたが悪いわけではありません**。解決策を見つけて何とかする人もいれば、さっさと切り替えて会社員人生を選ぶ人もいます。すべて自由です。後悔のないように、ご自身の素直な気持ちと向き合ってください。

この重りチェック①～③は克服できそうなのに、なぜか動けない人は、P85の「9　心の本音を書き出してみる」に戻ってみましょう。ワークした答えが、その場しのぎで搾り出したものだった、誰かに促されたことだったなど、自分の中にないものだったのかもしれません。「それ本音なの？」というところから、もう一度、向き合ってみましょう。

実務編

失敗者に学ぶ、最初の30日間の成功法則

4 起業アイデア探しのウソ・ホント

✓あなたが選んだ事業は4つのうちどれか

ここまで度々触れてきましたが、どのような事業で起業するのか、その決め方には、いくつもの選択肢があります。ここまでの話を簡単にまとめると、以下のような分類になります。

①自分で商品を作る／仕入れて販売する
②マニュアルを買う（eBay輸出・中国輸入・せどり転売・民間資格を取得しての「〇〇起業」などのパッケージ）

③ＦＣ《フランチャイズ》に加盟する
④既存事業（企業）を買う（レンタルスペースなどのＭ＆Ａ）／譲渡・相続を受ける

人気なのは②です。誰でも簡単にできる気がするからでしょう。しかしながら、たとえば転売であれば、気の遠くなるようなリサーチ、出品作業、梱包、発送、必要資金の大きさなどから、個人の性格と適性に大きく依存することになります。〝〇〇起業〟のような決まった型で始めるビジネスも、「この通りにやればいい」という指示があり安心できますが、**それができるかどうか、楽しいかどうかは別問題です**。

次いで③が人気で、これもお金はかかりますが、本部のサポートが期待できる、自分でイチから立ち上げなくても済む、売れるイメージが持てることからの人気と思われます。特に年齢を重ねてくると、「今さらゼロから始めるのは困難」と考える人も増えるため、退職金を投じて加盟する人も少なくありません。

最近は④を選ぶ人も増えており、小さな事業であれば、頑張って貯めてきたお金で買うこともできるでしょう（※営業利益の３～５年分相当の値付けがよく見られます）。これから起業する人にとっては、なぜその企業／事業が売りに出されているのか、のれん代（数字に表れない価値）や簿外債務、公開情報（売上・利益・コストなど）の信ぴょう性を十分に確認することは容易ではありませんが、お宝が埋もれている可能性もゼロではありません。

✓最初は自分の時間と労力を売るのがおすすめ

私自身は、初めてのビジネスに限定した場合ですが、①推しです。一人でできる、小さく試せる（損失が小さいうちにやり直せる）、ビジネスの基礎を体験できる、自分で考えて動く力が身につく、などが主な理由です。①～④のどれが正解ということではないので、**なるべく早いうちに、あなたの性格に合うやり方を試していただくのが良いと思います。**

また、私の推しの①の中にも、様々なタイプのビジネスが存在します。あなたを商品化しよう、趣味で起業しよう、オンラインサロンをやろうなど、コンテンツが乱立している業界です。**何をしたらいいのかわからないという人は、自分の時間と労力を提供するビジネスから始めてみましょう。**行列代行サービス、結婚式のサクラ、Uber Eatsなど、時間と体力さえあればできる仕事はいくらでもあります。ですが、結局どれも、「自分がやりたいのか」、「続けられるのか」、「今の自分（お金・時間・メンタル）にとって実現可能なのか」、最終的にはそこに行きつきます。「初期費用なしで月35万円稼げる」、「誰でも簡単に月収7桁」などの儲け話系、「自分の過去、好きなことの棚卸しで自分を商品化する」のような自己啓発系まで、実に様々な〝起業法〟が語られていますが、起業はそこで語られているほど簡単な話ではありません。現実には、資金はもちろん、働き方、価値観、プライド、そんなことまでも含めた、**「自分に合うものを見つけること」が決め手になることを知っておいてください**。そして、「そのためには小さく試すしかない」というのが私の考えです。

起業して、細くとも長く、安定した穏やかな時間を過ごすためには、**自分に合わないことをしてはいけません**。辛いこと、つまらないことを継続しようとすれば、心が壊れてしまいます。そんな自分にイライラしたり、落ち込んだりすることになっては、プレッシャーや不満の蓄積につながり、ストレスや不安から、再起することもできなくなってしまいます。

また、私は、物事を長く続けるためには、「日々のタスクにも柔軟性を持たせておくことが大切」と考えています。自分都合で適当に、自分にとって必要なタイミングで、自分の裁量で自由にサービスを変えられる、やることを変えられること、長く続けるには、そんな気楽さが必要だと思うのです。少し前に炎上した、「老害は去るべき論」も、何歳で引退するのかは自分で決めればいいことですし、社会のルールを守り、人に迷惑をかけなければ、自分の人生は自分で都合よく決めればいい、私はそんな風に思っています。①を選んだ人にはマニュアルも本部からの指示もありませんが、参考になる先輩起業家やライバル業者をベンチマークしながら、自由度が高い状態で仕事をすることができ、自らを縛る契約も在庫ノルマもなければ、初期投資や負債も小さく済ますことができます。なので私は、①推しなのです。

売るモノがあるか、ないか

資金を準備できて、②③④を選んだ人は、オーナーや本部の指示通りに進めていきましょう。立ち上げやリサーチ、引継ぎに数カ月はかかることが多いですが、売上1万円など軽く突破できるはずです。その先で、利益を出せるのか、続けていけるのか、という経営の課題が待っています。サポートを受けながら、1日でも長く経営を続けられるように、頑張っていきましょう。

モノを売る以外の①ビジネスを選んだ人は、とりあえず、スキルシェアサイトやポータルサイトに商品やサービスの情報を掲載してみましょう。載せていきなり売れることはありませんから、まずは知り合いに利用してもらってレビューを集めながら、「自分だったらどういう人に仕事を頼むか」、「自分だったらどういう人に教わりたいか」、「自分だったらどういう場所に参加するか」を基準にし、そのような存在に見られるように、情報を修正していきましょう。モノを売る人は、メルカリに不用品などを出品して〝売る〟という体験をしてみましょう。**どちらも、やっていて楽しいと感じるかどうか、自分の感情を確認しながらチャレンジしてみてください**。

5 こんなにある明日できること

本書をここまで読んで、「何だかんだ考えること、検討することが多くて、なかなか進まないな」。そんな風に感じていますか？　しかしながら、あれこれと前後し、悩み、試行錯誤しながらでも、実は、**同時並行でやれることはたくさんあります**。たとえば、以下のようなことです。

✓ メールアドレスを作ること

今後、どのようなビジネスを始めるのかにかかわらず、プライベートで使っているメールアドレスとは別に、事業用のメールアドレスを持っておいたほうが便利です。この機会に、ひとつ準備しておいてはいかがでしょうか？

本来、事業用のメールアドレスは〝独自ドメイン（※筆者の場合で言えば、kigyo18.netのこと）〟で作成するのがベストですが、今の段階ではフリーメールで問題ありません。おすすめはGmailで、次いで、Yahoo!メールなどが使いやすいと思います。**避けたほうが良いのは、docomo.ne.jpやezweb.ne.jpなどのキャリアメール、そして、icloud.comになります**。どちらも迷惑メールブロック機能が強力すぎるのか、必要なメールが届かないトラブルが頻繁に起こります。この迷惑メール対策の機能は、もちろんGmailにもYahoo!メールにもデフォルトで実装されており、何も設定せずに使っていると、大切な連絡が届かないことがよくあります。ホワイトリスト登録設定を随時アップデートし、運用するようにしましょう。

電話番号を持つこと

プライベートの電話番号を一般に公開することは、中々勇気のいることです。事業用電話番号を、もう一つ持っておきましょう。とは言え、今は東京03のような番号は必要ありません。050のIP電話であれば、アプリを使えば簡単に持つことができますし、デュアルSIMに対応したスマホであれば、もっと簡単に2つの番号を持つことができます。povoや楽天モバイルなどでサブの回線を持つこともおすすめです。わかりやすくするために、最初からスマホ2台持ちを選択することもあります。物理的に分けてしまえば、管理が楽だからです。私自身は、スマホ2台、ガラホ1台、iPad 1台という組み合わせで、日々の様々な連絡、発信業務をこなしています。

›住所を持つこと

スキルシェアサイトを使えば、個人情報を公開せずサービスを売買することが可能ですが、それだけではお小遣い稼ぎのレベルであり、起業と言うには物足りません。上を目指すのなら、きちんと事業者として情報を開示し、信用を得たいわけですが、自宅の住所をネット上に公開する、名刺に印刷して人に配ることは、極力したくありません。女性の一人暮らしの場合や、小さなお子様がいるような場合には、特にリスクを考えなくてはなりません。そのような懸念がなければ、自宅住所を利用することに問題はありませんが、**賃貸住宅の場合は、事務所として住所を公開したり、登記したり、頻繁に来客があるビジネスをすると、契約上問題になることがありますので注意が必要です**。

そこでおすすめなのが、バーチャルオフィスの活用です。バーチャルオフィスとは、事業用の住所を貸してくれるサービスのこと。郵便物が届けば転送してもらえますし、月数百円程度の格安サービスも存在します。自宅の一角を作業スペースとして使い、公開住所はバーチャルオフィス（※自宅と同じ納税地で借りたほうが何かと楽です）。打合せはカフェ。そんな使い分けをしている人もたくさんいます。

選択した事業によっては、バーチャルオフィスでは用が足りず、リアルな事務所、作業スペースを必要とすることもあります。そのような場合は、シェアオフィス（コワーキングスペース）を利用しましょう。自宅では集中できないような方にもおすすめです。**シェアオフィスを借りる際には、歩いて通える自宅近くの場所がベストです**。そのような場所がない場合には、通勤の途中駅を選ぶようにしましょう。本業の会社の近くに借りてしまうと、人の目が気になってしまうかもしれないからです。フリーのお茶やコーヒーのサービスが付いていると、帰宅前のちょっとした休憩もできて嬉しいですね。

SNSアカウントを作ること

SNSは自由に発信できるメディアとは言え、万が一、会社の人が見ているかもしれないと思うと、気が引けてしまいますよね。そんな時には、屋号やビジネスネームを使った事業用のアカウントを、もう一つ持つのがおすすめです。SNSは今ではすっかり定着した連絡手段の一つです。本業でBtoB事業をしている企業にお勤めの方は、案件や注文がＳＮＳから来ることは多くないかもしれませんが、**ＢｔｏＣの世界では、Instagram のDMから仕事依頼が来るなどは、まったく珍しいことではありません。**市場との接点を増やすためにも、事業用のＳＮＳは持っておいたほうが良いと思います。

ＳＮＳには様々な種類と特徴があり、どのＳＮＳを使えば良いのか迷ってしまうことがあると思います。「見込み客が多く使っているＳＮＳを使う」、「とりあえず全部使えばいい」と言えばそうなのですが、それも大変です。ですので、今の時点では、Ｘ（旧Twitter）、Instagram、ＬＩＮＥ公式、世代によってFacebookあたりから選べば十分でしょう。Facebookは実名制で、知り合いとつながることが多いため、意外と仕事につながりやすいのですが、プライバシー設定も若干ややこしく、会社の人とつながってしまうリスクもありますので、副業禁止の会社にお勤めの場合には十分に注意してください。

大体の目安として、物、場所、人などの、「発信できる〝画〟のある業界」なら〝Instagram〟を、それ以外なら〝X〟を選択しておけば大丈夫です。もし、時間的な余裕があれば、YouTubeやTikTokで発信する準備もしてしまいましょう。

ちなみに、同じスマホで、プライベート／事業の２つのアカウントを操作していると、誤爆してしまったり、なぜか、「友達かも」的な表示に知り合いが出てきて不安になったり、あまり良いことがありません。そんな場合には、**スマホは中古で安いものを買って、**

思い切って2台持ちにしてしまうのがおすすめです。

銀行口座を作ること

銀行口座も、遅かれ早かれ必要になるインフラです。事業用のネット銀行口座を作っておきましょう。生活費と切り離しておけば管理が楽になりますし、仕事をしている感も出てきます。屋号の入った口座（営業性個人／個人ビジネス口座）を作ることも可能ですが、特にそれが必要になることはありませんので、名義は個人名で問題ありません。「口座名義から顧客に本名が知られることが心配なので、屋号で口座を作りたい」という方もいらっしゃいますが、個人事業の場合、屋号の口座でも本名は知られてしまいます。どうしてもそこが気になる場合、開業届が必要になるなど条件がありますが、収納代行用口座サービスの利用を検討してみましょう。

・フリーナンス（https://freenance.net/bankaccount）

また、口座はメガバンクのほうがカッコよく見えるかもしれませんが、ネットバンクのほうが何かと便利なことが多いです。店舗など地域制のあるビジネスを選択した場合には、今後のことも考えて、地元の信用金庫、地銀にも口座を持っておくと良いと思います。基本的には、ネームバリューなどは気にせず、自分にとって使いやすい銀行を選びましょう。

どの銀行を選ぶのか、自分で小さく起業をする場合には、以下の点について考えてみてください。

・振込手数料／無料回数
外注先への支払いなど、振り込みでの支払いが多いビジネスなら、振込手数料の安い、無料回数の多い銀行を選びましょう。

・ATM手数料／無料回数
現金の入出金が多いビジネスなら、利用可能ATMの数、手数料と利用可能時間を重視して選びましょう。

金利やポイントなども気になるところではありますが、わずかな入りにこだわるよりも、手数料や使い勝手から検討するほうがベターです。また、セキュリティが強固なのは大事な要素ではありますが、たとえば、他行への振り込み手続きができる時間帯が限られるなどの制限が多いと、ネットバンクを使う意味が薄れてしまいます。

それぞれの銀行が細かく条件を設定していますので、最新の情報を比較して、あなたに合う銀行を選んでください。細かすぎてよくわからない場合には、**とりあえずどこかに口座を開設して、後からより良い条件の銀行に変えても構いません**。使わなくなった口座は、税金用のお金を残しておくための口座にしてしまいましょう。税金を支払うようになるのはもう少し先のことですが、うっかり使ってしまうことを防ぐことができ、あると意外と便利です。

事業用の口座は、開業、事業運営のためのものであり、貯めるためのものではありません。始める事業によって異なりますが、5～10万円ほど入金し、参考書籍を買ったり、人に会いに行くための交通費やセミナー代金を払ったり、立ち上げにかかるお金を使っていくようにしましょう。

クレジットカードを作ること

事業用の口座ができたら、次は、事業専用のクレジットカードを作ります。どのカードを契約するか、今から選んでおきましょう。「クレジットカードは嫌い。私は現金主義」という方も少なくないのですが、自分で小さく起業する場合、たとえば会計ソフトやホームページ用サーバーなど、様々なインフラを利用することになり、それらはクレジットカード払いにしておかないと、管理が大変で収拾がつかなくなります。

クレジットカードは、管理上2枚あると便利です。1枚は様々な支払い、契約に使うカード。年会費無料のもので十分です。もう1枚は、交通系ICが付いているタイプのクレジットカードで、交通費専用にして使うと、これまた管理がとても楽になります。明細を駅で印刷することもできます。年会費がかかるものが多いですが、無料のものでは〝イオンSuicaカード〟などがあるので、検討してみましょう。

これらのカードを、事業用銀行口座から引き落としされるように設定し、口座とともにクラウド会計ソフトと連動させれば、お金の管理がとても簡単になります。会計ソフトの導入はまだ先で大丈夫ですが、年会費無料のカードなら、早めに作っておいて損はありません。

明日できること、いかがでしょうか？　何もしないから何も進まないのであって、何かすれば、「少しだけ進んでいる」と言えるようになります。お金の準備ができれば、仕入れて売ることもできますし、口座があれば、スキルシェアサイトでサービスを売ったら、入金してもらうこともできます。粛々と作業するだけですから、色んなことと同時並行で進めておきましょう。

6 起業スタート段階における行動力の使い方

与えるものがなければ人脈は作れない

この起業準備スタート直後の時期に、やたらと人に会いに行ったり、相談に出かけたりする人がいます。〝起業準備中〟などと書かれている、「私は起業難民です」と言わんばかりの名刺を準備して、フラフラとさ迷い歩くのです。この行動にまったく意味がないとは言いたくありませんが、ほとんどの場合、徒労に終わってしまいます。その理由は、第0章でも度々お話ししてきましたが、このような行動から手に入る情報は〝断片的〟なものばかりで、集めても使いものにならないこと、そして、実務経験がないため漠然とした質問しかできないので、曖昧な回答しか得られず、その情報も結局、使いものにならないからです。**具体的に知りたいことがないところに、いくら情報を浴びせたところで、脳には**

何も残りません。

そして、せっかくの行動力を間違った方向で発揮している人には、さらに大変なことをして、出会ってはいけない人が次々と近づいてきます。本章P94でも触れましたが、口だけ応援団や妨害者以外にも、あなたに売り込もうとする人、騙そうとする人、もう少し後になると、クレーマー、アンチ、そしてストーカーなども登場します。まだ自分の判断に自信を持ち切れず、アドバイスに振り回されたり、人の助けを当てにして失望したり、何かと不安定な時期です。そんな状態の人が、あちこちに顔を出しにいくことはつまり、悪い人から見れば、鴨が葱を背負って来るようなものですから、トラブルにも巻き込まれやすいタイミングと言えます。

また、出会ってはいけない人ではありませんが、すでに活躍している先輩起業家からは、まだ何も行動していない人は、「頑張ってくださいね」と言われるだけで、ほとんど相手にしてもらえません。前出のKさんのようなパターンで、彼らにとって付き合うメリットがないのですから、仕方のないことです。そんな中で、自分に近いステージの人と出会ったりすると、急に親近感が湧いて、「中々難しいですよね……」などと言いながら、居場所を見つけてホッとします。ですが、そんなことをしていても、何の成長にもつながりません。つまり、**このステージであちこち歩きまわったところで、生産性の高い活動にはならない**ということです。

今はまだ、自分と向き合うステージです。重りを外し、行動を起こし、適性を見極めながら動き続け、最初の1円を稼ぐことがゴールになります。**新しい人脈を作りに出かけるのはもう少し後のほうが効果的**で、あなたが何者なのかを明確に定め、始めたビジネスで少し実績が出てきたくらいが、レバレッジをかけるのに丁度いいタイミングになります。今、会うと良いのは、第0章のP64「質問7　あなたが持っている、スキル以外の起業リソースは何ですか?」で挙がった人脈の中で、あなたが信頼できる人だけです。

ミニマムスタートはミニマム努力ではない

起業に夢を持ち、ついつい、YouTubeに登場する成功起業家に憧れてしまう**今のステージでは、〝絵に描いた餅〟とも言える大きな夢を見てしまいがちです**。それは決して責められることではなく、素晴らしいことなのですが、実際、「半年で月100万円稼ぐぞ!」、「1年で1億円プレーヤーになる!」、「SDGsで世界を救う!」のように高らかに宣言される方で、それを実現した人を見たことがありません。逆に、**粛々と基礎に沿って進めて夢を叶えた人は、数え切れないほど見てきました**。それゆえに私は、自然と〝ミニマムスタート〟を推奨する立場になったのですが、時折、このミニマムスタートの意味が違って伝わってしまうことがあるため、ここで改めてご説明させていただきたいと思います。

私の考えるミニマムスタートとは〝ミニマム資金（初期投資）〟や〝ミニマム人員〟のことであり、自分で考えずに指示通りやればいいという類の〝ミニマム努力〟や、ネットショップやスキルシェアサイトにサービスを掲載して待っているだけの〝ミニマム行動〟のことではありません。もちろん、初期投資の大きくなるフランチャイズや、既存事業に乗っかるＭ＆Ａを否定することはありませんが、私個人は、それらは、ある程度のビジネス経験を積んだ後、**２つ目以降の事業として手掛けるほうが、成功率を高められる**のではないかと考えています。

このミニマムスタートを、何もしなくても自動で稼げる、答えを教えてもらえる〝ミニマム努力〟や〝ミニマム行動〟と捉えてしまうと、その人の起業に関する未来は、非常に厳しいものになります。本書のような、自分ビジネスの構築を推奨するタイプの起業本では、「○○で仕入れて、□□で売る」などの手法や、「○○の画面で△△ボタンを押す」などの説明よりも、物事を進める順番、考え方、切り口を提示し、それぞれのビジネスについて自分で考えるように促すことになるため、「精神論だ」、「具体的じゃない」などのレビューが付きがちですが、これがまさに、「起業＝ミニマム努力（決まったことをやればいい)」」と理解しているゆえの反応なのです。

起業についての情報は、世の中に十分な量が存在しています。ですが、**人から伝え聞く情報、ネット上にある情報は断片的であり、体系化されていない**ため、結局、使えない情報として流れ去っていきます。その氾濫する情報を取捨選択し、体系的に並べ替えることこそ、経験者にしかできない仕事であり、それが有料情報の価値になるのですが、起業の場合、その体系化された情報でさえ、それは〝答え〟ではなく〝きっかけ〟であると認識していただく必要があります。**人の能力、環境、タイミングはそれぞれであり、ビジネスには正解など存在しないからです**。

実際、どのような媒体でも、あらゆる現場を想定した実務を解説し尽くすことは不可能ですし、そもそもマニュアルを買うだけで成功できるのならば、私たちは全員成功者です。起業は、そんなお手軽な世界ではありません。**自分のリソースと適性でやることを決めたら、日々修正を重ねながら、自ら答えを見つけていくしかないのです**。そのアプローチは、一人一人の持つ能力、条件や環境、そして、手掛けるタイミングによって、すべて異なります。

起業は精神論が9割

また、**「起業は精神論が9割」であることも、知っておいてください**。現場で頑張っている人にとっては、当たり前のことです。たとえば、「もっとお客様と向き合おう」という言葉を耳にしたとします。何もしていない人は、「そんな精神論じゃなくて、具体的に何をするのか言え」となるのですが、**実際に行動している人ならば、「そうか、Instagramの発信で、いつも自分の言いたいことばかり言っていたな……。次は質問に答える形でやってみよう」のように具体的実務に落とし込めるのです**。「精神論だ！」と文句を書き込んでいる暇があるのなら、さっさと始めてしまいましょう。今すぐ、評論家、検討使、起業難民を脱し、実務を進めてください。一気に景色が変わります。

たとえば、とりあえず物を売ろうと決めたら、まずは家庭の不用品を売って、次に、お店から買ってきたものを売ってみてください。商品名の付け方、写真の撮り方などは、ネットで調べればいくらでも出てきます。**そういう情報は、断片的なもので用が足ります**。もちろん、小売店で買ってきた物を適正価格で売れば赤字になります。そうなれば、安い仕入れ先を見つける、差額が取れる商品を探すという2つの課題を見つけることができます。その課題解決のためには、知り合いの業者に安く卸してもらうしかありません。コネがない場合は、営業をかけたり、展示会に行ったりして、仕入れ先を開拓することになります。評論家をやめて**行動すれば、どんどんやることがわかってきます**。

ところが、商談に出かけたとしても、現実は厳しいものがあります。当たり前ですが、実績がなければ商品を卸してもらえません。そうなれば、誰でも取引してくれるネット問屋や小売店から仕入れることになります。誰でも仕入れられるのですから、価格競争が激しく、手数料や送料を考えると儲からないことがわかります（※稼げると謳って仕入れさせる業者も多いですが、仕入れ後に価格が下落することが多いので、投資する前によく調査することをおすすめします）。そこで、価格競争の影響が小さい中古品の売買を始めたり（※要古物商許可）、ハンドメイド作家と契約したり、商標を取ってオリジナルブランドを立ち上げて、中国から仕入れたノーブランド品に貼り付けたり（ＯＥＭ）、セール品を買って転売する〝せどり〟に活路を見出したり、その人の性格や適性、資金、住んでいる地域、人脈などによって、行動は様々に分かれます。

肝心なのは何を仕入れるのかですが、実店舗で仕入れるなら、バーコードを読み取って市場価格を調べるツールを使ったり、ネット仕入れなら、商品画像検索を利用すれば、ある程度は調べることができます。たとえば、Amazonの商品画像上で右クリックして画像検索をすると、中国のアリババなどで販売されている同じ商品を見つけることができます。送料や関税も計算の上、利益が出るなら仕入れることになります（※仕入れると決めた場合には、価格交渉や検品も必要になりますので、代行業者を利用するようにしましょう）。商品を芋づる式に調べていくと、同じような商売をしている先輩せどらーが多数見つかりますので、彼らの仕入れているものを参考にしていくうちに、次第に目が利くようになって、仕入れが楽になっていきます。

・バイヤーアシスト（https://buyerassist.fbadaiko.com）

本屋さんに行けば、せどりや中国輸入の指南書が多数販売されています。細かい手順を知りたい方は、そちらをお読みください。マニュアルビジネスの代表格である〝せどり〟とて、気が遠くなるような作業の連続であり、ミニマム努力ではない、精神論、メンタルの世界であることがおわかりいただけると思います。

スキル提供（代行）サービス、人に教えるノウハウ提供ビジネス、コミュニティやマッチングなどの機会提供ビジネスを選択した人の場合、**ポータルサイトに情報を掲載するだけで売れると勘違い**して〝ミニマム行動〟になってしまうことがあります。掲載するだけで売れるのは、レンタルスペースのマッチングやメルカリくらいで、Amazonや楽天でさえ、オリジナルブランド品は広告を打たなければ売れないのが現実です。ミニマム資金でスタートすると、どうしても広告という〝攻め〟を考えるに至らず、無料ですべてを済まそうとする〝守り〟に固執してしまいます。ですが、**広告宣伝をしない、営業をしないビジネスというのは非常に稀有な存在です**。今はまだお金を掛けなくても構いませんが、ポータルサイトに掲載して反応を待っているだけではなく、自分からも情報発信をしてみましょう。**ポータルサイトは、どこも供給過多の売り手市場です**。随時、登録情報をアップデートすることはもちろん、SNSやYouTubeからも発信し、自分を発見してもらわなければ、売上1万円/月の天井を突破することはできません。ミニマム資金＝ミニマム行動にならないよう、大変なのは最初だけですから、もうひと手間、頑張ってください。

7 STAGE I 実務のチェックリスト

- ☑ 自分で商品を作る/仕入れる、マニュアルを買う、フランチャイズに加盟する、既存事業（企業）を買う、の中で、どれから始めるのかが決まっている
- ☑ 何のビジネスをするのかが決まっている

☑ 参考になる先輩起業家やライバル業者を見つけた
☑ 事業用のメールアドレスを作った
☑ 事業用の電話番号を持った
☑ 事業用の住所を持った
☑ 事業用のSNSアカウントを作った
☑ 事業用の銀行口座を作った
☑ 事業用のクレジットカードを作った
☑ ポータルサイトやネットショップに出品した
☑ 情報発信をスタートした

第2章

起業STAGEⅡ

売上1〜5万円は「自分の知らない自分を知る」

思考編

起業の向き不向きを考えるのは100年早い

1 売上月5万円の壁

✓大きな先行投資を必要とするビジネスを始めた場合

せどりなどのマニュアルビジネス、ブランドや物流、システムを借りるフランチャイズ、運営傘下に入る民間資格ビジネス、事業を引き継ぐM&A。これらを選んだ方は、**先に大きなお金が出ていっているはずですから、もうとやかく言っている場合ではありません。**

多くの場合、大きな資金を投じて始めるビジネスには、売上1～5万円/月というステージは存在しないことが多く、すでにお客様が付いていたり、ブランドが認知されているため、売上的には、もっと高い水準からのスタートになります。2年かかるか、5年かかるか、事業によって異なりますが、**単年黒字化、そして、累損を解消できるまで、しっかり**

と続けていきましょう。

自分で0からビジネスを始めた場合

一方で、**自分でビジネスを始めた場合には、最初は売上ゼロの状態が続くことが多くなります**（※店舗がある場合には、その限りではありません）。実績が伴うに従い、加速度的に売上が伸びていきますが、どこまで上げていけるのかは、事業主本人の努力と、外部環境の変化、優秀な人材との出会いなど、運次第の部分も多くあります。

突然、大企業が近所に引っ越してきた飲食店、法改正でサービス需要が生まれたコンサルティング会社、Googleで上位表示される記事を書いた個人、どれも9割が運で

フランチャイズなどと自分ビジネスの売上推移の違い

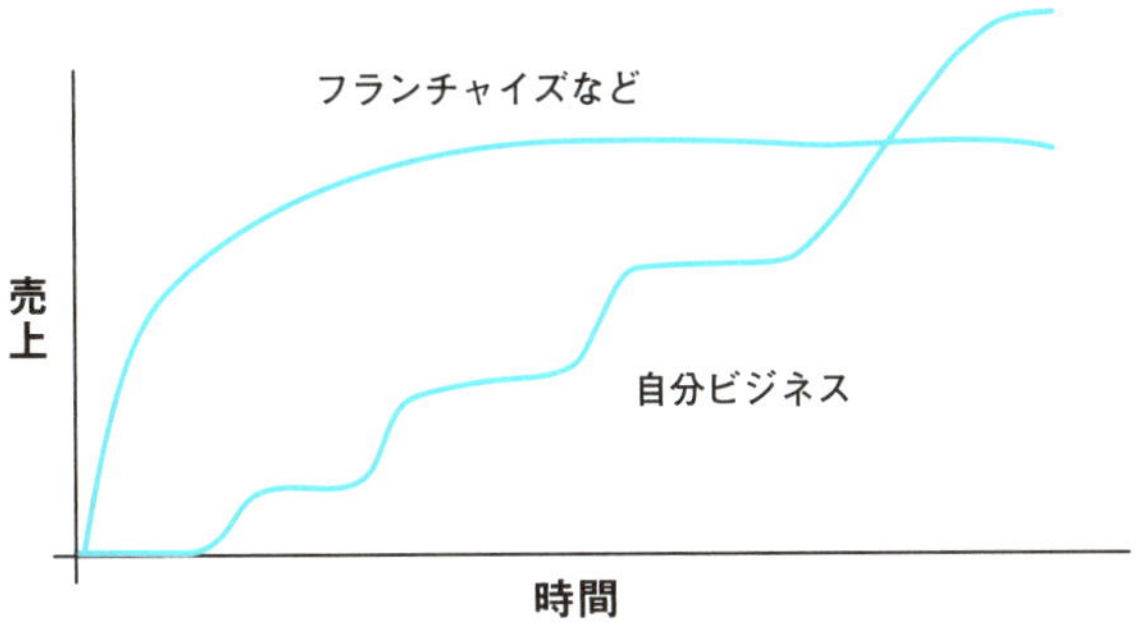

すが、そこには一気に展開が変わるようなインパクトがあります。

自分でビジネスを始めた場合、月5万円の壁を超えられるかが、最初のチャレンジになります。ここまで、本書の内容に沿ってビジネス構築を進めてこられた方の場合、「どこかのポータルサイトに登録をして、SNSで発信をしてみた」という段階でしょう。前出の〝最新起業アイデア実例集〟から、需要のある商品／サービスを選択し、ポータルサイトのお手本となる先輩の記載している文章、サムネイルを参考にしつつ、自身のプロフィール、商品ページを作成し、SNSから発信をしていれば、月1万円程度の売上は問題なく出せると思います。もし、月1万円の売上がない場合、以下を再チェックしましょう。

・需要のある商品／サービスを選んでいるか？（↓思い込みに注意。考えるのではなく、うまくいっているビジネスから選択する）
・参考にする人を間違えていないか？（↓有名人や多くの実績のある人はNG。今の自分にできるビジネスを真似るのは〝誰〟ではなく〝何〟で選ばれているかで人を選んで、その文章やサムネを参考にする）

・ポータルサイトに掲載しただけになっていないか？（↓知り合いに声をかけたり、SNSから発信する）

2 月1万円を超えられない場合には「他人による発信」を狙う

ここまでやってもなぜか売れない、自分の商品ページにアクセスが来ないという方もいらっしゃいます。そんな場合は、以下について考えてみましょう。

現実を見れば、**事業用に立ち上げたばかりのSNSの発信力などたかが知れており**、見ている人はせいぜい数十人でしょう。動画再生数も100以下なんてことは当たり前です。そもそも、よく知らない人の商品宣伝が流れてくるアカウントが見られているはずもありません。SNSが苦手で、使いこなす以前に精神的にしんどい方もいるはずです。

このステージにいる方の売れない理由はつまり、「発信力が足りないこと」です。では、どうすれば、発信力のない私たちが、一夜にして発信力のある人に変身することができるのでしょうか？　以下の3つの視点で進めていきましょう。

「ポータルサイトのアルゴリズム」を理解する

ポータルサイトに自分の商品、サービス情報を掲載した場合、それを売ってくれる、つまり、目立たせてくれるのは、ポータルサイトの運営者とアルゴリズムです。アルゴリズムをハックすることは簡単ではありませんが、ようするに、**新規登録者としてピックアップしてもらえるような、運営側に好まれるユーザーにならなくてはいけない**、ということになります。

では、仮に私たちが運営側の人だとして、どのようなユーザーが自社にとって好ましいと判断するでしょうか？

①売れる商品／サービスを持っている（手数料を稼いでくれる）
②購入者からの評価が高い
③外部から多くの人を誘導してくる
④掲載している情報が充実している
⑤頻繁にログインし、情報をアップデートしている
⑥サイトの価値が高まる珍しい商品／サービスを持っている
⑦時代に合う商品／サービスを持っている

これらのような利用者が好まれるはずです。①、②が決定的な要因と思われますが、今の段階では難しいですね。③、④、⑤は、強度としては弱いかもしれませんが、今すぐに取り組めるはずです。⑥、⑦は、掛け合わせで考えてみましょう。**これからの鉄板トレンドになるシニア市場に引っ掛けると、比較的簡単かもしれません。**たとえば、文章書き教室→定年後も稼げるブログ教室、パソコン教室→お孫さんが家に遊びに来てくれるパソコンゲーム教室など、切り口を洗い出して可能性を探ってみましょう。

✓「SNSのフォロワーによる拡散」を促す

SNSの投稿は、シェアやリポストされることによって、より多くの人に見られるようになります。シェアやリポストは、投稿を見た人が、その情報をより多くの人に知ってもらいたいと思ったり、内容に共感した時に起こる現象なので、広告宣伝の投稿が拡散することは滅多にありません。

では、どのような投稿をすれば、フォロワーに共感してもらえるのでしょうか？　様々な手法が語られていますが、**主には、お金、仕事、恋愛、家族、健康をテーマにした、おもしろ、感動、サプライズ要素を含んだ投稿です。**タイムラインで、インフルエンサーではない人の投稿なのにバズっているものを見つけて、切り口の傾向や掛け合わせ、書き方を調べてみましょう。真似できるタイプの投稿が見つかったら、すぐにテストです。スべったら削除すればいいだけです。気軽にやってみましょう。

「仮にそのやり方で拡散したとしても、商品の販売につながらないから意味がないのでは？」と思われるかもしれません。ですが、それは問題ありません。インフルエンサーでもない私たちにとって、**SNSは商品を売る場ではなく〝薄いつながり〟を作る場**です。その人たちが、あなたのプロフィールや時折発信する告知などから、あなたの商品／サービスの存在を知ってくれます。フォロワーさんとのコミュニケーションを繰り返し、たまに告知。そのサイクルを繰り返しましょう。

›「あなたの応援団の力」を借りる

発信力のある人＝多くの人とつながっている人、と言うことができます。いわゆるインフルエンサーになることは簡単ではありませんが、あなたが所属している地域社会、コミュニティ、知り合いの中には、あなたを応援してくれる人もいるでしょう。プライドを捨て、**発信力のある人に協力を依頼するのも良い方法です**。ステマにならないように気を付けなければなりませんが、商品をプレゼントしたり、特別価格で提供したりして、率直な感想をいただく機会を増やすことも効果的です。また、少ないながらも買ってくれたお客様には、お友達紹介キャンペーンなどを企画し、お知り合いを紹介してもらえるようにお願いしてみましょう。

いかがですか？　考えること、やることがたくさんありますね。面倒くさいですか？　明日に回したくなりましたか？　誰かに丸投げしたいですか？　そんな人が、調子のいいことばかり言う業者にカモられてしまうのです。あなたのお気持ちはよくわかります。でも、ここを突破してもらいたいのです。確かに、営業をしたことのない人、集客をもっとスマートに、簡単にできると思っていた人にとって、この現実は厳しく映ることでしょう。ですが、一つ一つのことは、それほど難しいことではないはずです。

好きなことだけやっていて、それが偶然ヒット商品になることもありますが、**多くの成功している起業家はやはり、お客様に合わせて各所を調整したり、情報が広まるようにキャンペーンを企画したり、資料をわかりやすくシンプルにしたり、友達に頭を下げて依頼をしたりして、成功率を高めている**のです。彼らは、このような努力を人に語ることはしませんが、陰でこっそり、皆が遊んでいる間に実行しています。うまくいっているあの人は、能力に特別な違いがあるわけではなく、やれることを今もやっているだけです。

3 月5万円の売上をコンスタントに超えるには？

対企業（ＢｔｏＢ）のビジネスの場合

ＢｔｏＢの場合には、とにかく見込み客との接点を増やすことです。以下のことが考えられます。

①さらに多くの知り合いに連絡を取る
②既存客に紹介を依頼する
③無料セミナーを開催し、無料相談会や体験会に来てもらう

その他にもたくさんの方法がありますが、まずはこのような簡単なことから始めてみましょう。

「さらに多くの知り合いの力」を借りる

企業向けのビジネスでは、コネが最強の武器になります。まだ会社を辞めていない段階であればなおさら、昼間の営業はできず、知らない人、副業の人に仕事を依頼するのはちょっと不安という信用問題が付きまとうため、知り合いであるという事実は、とても有利に働くのです。

恥ずかしがっている場合ではありません。成功したいのですよね？　ならば、連絡をしてみましょう。返事が来ないかもしれません。陰で何か言われてしまうかもしれません。「力になりたいけどできることがない」と謝られてしまうかもしれません。ですが、そんなことを気にしていて、会社を辞めて食べていけるはずもありません。**あなたがあなたのリミッターを外せるかどうか、すべてはそこにかかっています**。

とは言え、どうしてもプライドが邪魔してしまってできない、あるいは、連絡できる人がいない人もいらっしゃるでしょう。そんな方は、仕方ありません。以下をさらに強力に推し進めましょう！

☑「既存客に紹介を依頼」する

すでに**信頼関係ができているお客様に、「もしよろしければ、お知り合いの社長様をご

紹介くださいませんか？」と言う勇気です。営業経験のない人にとっては簡単ではないかもしれませんが、素晴らしい商品／サービスであるならば、多くの企業を幸せにしてあげられるのですから、メンタルを強く持ってください。紹介してくれた方の顔が立つように、ご紹介いただいた方が得をするように、「○○様のご紹介ですので」と特別に優遇してあげましょう。また、紹介してくれる人が、あなたを紹介しやすいように、資料やホームページなどを整えておけば、なお良いですね。説明が面倒くさいなど、少しでも阻害要因があると紹介してもらえません。

「無料セミナーを開催」する

企業（社長）向けにセミナーを開催し、相談会などに誘導する方法も考えられます。予算をかけられる人は、集客代行会社もたくさんありますので、確認してみましょう。通常、セミナー集客代行は数十万円の費用がかかりますが、以下の Peatix であれば、数千円という安い投資で始めることもできます。

・Peatix イベント集客サービス（https://services.peatix.com/event-promotion）

しかし、対企業のセミナーの場合、開催時間を日中にしなければならないこと、一個人にとって、自力（無料）で参加企業を集めることは容易ではないこと、無料相談までこぎつけたとしても時間の融通が利きにくいことを考えると、会社員のまま起業準備をしている場合には、あまり現実的ではないかもしれません。ですが、週末や夜開催のセミナーであっても、希望者が来た時だけ開催するつもりで気長に待っていると、運命的な出会いに恵まれることもあります。これについては、**釣り糸を垂らして待っているだけでも、試してみる価値はあります**。

チームビルディング、ファシリテーション研修講師のKさんも、運命の出会いから成功を掴んだ一人です。Kさんのサービスはどう見ても企業向けの内容なのですが、昼間は本業の仕事があるため、セミナー時間は夜や週末のみ。当然、来てほしい法人客はまったく来ませんでした。Kさんは、セミナー内容を「キャリアアップしたい会社員向け」に修正し、セミナー開催を続けていましたが、もちろん、その先の研修やコンサルティング契約にはつながりません。

Kさんは戦略を変えました。複数人相手のセミナーから、１ｏｎ１のプライベートセミナーに変更。法人客向けにセミナータイトルを振り切りました。そして、開催日程を決めず、リクエストに応じて時間調整をするオンデマンド開催にして、集客は気長に待つことにしたのです。しばらく反応はありませんでしたが、数カ月後、検索エンジンからサイトに来た会社社長からの申し込みがあり、Kさんは初の法人客を得ることに成功しました。今ではその社長さんから紹介が広がり、社長個人のコーチ、役員相手のコンサルティングと、活動の幅を広げています。

Kさんはラッキーだったと言えばそうなのですが、何もしていなければ、検索エンジンにも引っかからず、チャンスを掴むことさえできなかったのです。**「チャンスの神様は、準備が整っているところにやって来る」**。これが起業の現実です。

✓対消費者（BtoC）のビジネスの場合

BtoCの場合には、ひたすらレビューを集めることです。消費者は、ポータルサイトで発注する相手を選ぶ際、あるいは、ネットショップで商品を選ぶ際、とにかく低評価レビューばかりを見ています。この段階での拡販は、「レビューが9割」です。よく、「レビューは3件くらいあればいいですよね？」などと聞かれるのですが、「いえいえ、もっともっとです！」とお答えしています。いくつなら十分ということはなく、お客様が毎日来るようになるまで続ける活動です。ですが、「売上がない状態なのに、どうやってレビューを集めるの？」という疑問が浮かぶと思います。その答えは以下の3ステップになります。

①知り合いに売る
②SNSで人柄やスキルを知ってくれた人に売る
③その方々に正直なレビューと、お客様の紹介を依頼する

「何だよ……。面倒くさいな」、「依頼できる人がいないんだよ。だから本を買ったんだろ」。そんな風に幻滅してしまいましたか？　そうなのです。ビジネス立ち上げ当初は、このような〝ドブ板営業〟を繰り返すしかないのです。カッコよく、ネットに掲載するだけでサクッと売れて欲しいものですし、世の中には、「誰でも簡単に……」という類の広告が溢れていますが、現実はそんなに甘くありません。「○○を飲むだけで痩せる」のような話がウソだというのはすぐにわかるのに、儲け話には期待してしまう……。人間とは弱いものです。

とは言え、魔法の一手ではありませんが、効率的な方法は確かに存在します。それが以下の2つです。

お金を払って提供する

これは仕方のない現実ですが、お金を出せば9割の問題は解決し、時間と手間を削減することができます。**先行投資と思えるメンタルがあれば、ここは広告宣伝費を使っても良い場面です**。Amazonで自社ブランド商品を販売しているのなら、Amazon Vine先取りプログラムに投資しても良いですね。

それ以外の場合でも、資金調達をしてまで大金を投入するのはまだ早く、予算は自己資金から3万円ほどを用意できれば十分です。この予算の使い方ですが、**レビューしてくれた人に対価として支払うことは避けてください**。ステマと判断されてしまうと大変なことになります。この予算は、広告宣伝費として、たとえば、ココナラに出品できるサービスであれば、ココナラ広告を配信したり、YouTube広告を出してみたり、あるいは、キャンペーン価格で提供した際の損失補塡に回しましょう。カフェや居酒屋さんも、ドリンクを1杯無料提供して、SNSへの投稿を促したりしますよね。何を売る場合でも同じです。

あくまでもレビューを集めることが目的ですから、小さな損は気にしてはいけません。目的の達成のため、強い心を持ってください。

・ココナラ　広告配信のはじめ方ガイド（https://coconala.com/news/723）

知り合いを作る

買ってくれる知り合いがいないのなら、知り合いを作ればいい。そんなシンプルな考え方です。売ることを考える前に、お互いの立場が理解できる〝起業仲間〟を増やす活動から始めてみるのも、一つの考え方になります。美容室で髪を整え、新しい服の一つでも買ってから、個人で起業している人、副業をしている人が集まる場所に出向き、仲間を探してみましょう。コワーキングスペース内の交流会やオンラインサロン、もちろん、起業18フォーラムにもたくさんの仲間がいます。

ここで、妙な真面目さを持った人、正義感に溢れている人は、こう考えてしまいます。「知り合いに購入やレビューを頼むなんて不正行為じゃないのか？　そんなことはやるべきではない」。確かに、虚偽のレビューを依頼したり、消費者を欺くステマは不正行為です。

ですが、**ここで言う依頼とは、本当にあなたの商品／サービスを必要としている人にそれを提供し、感想をいただくという意味になります**。特別価格、時には無償で提供したとしても、本当に良いと思った商品／サービスでなければ、その人たちは自らの信用を毀損しかねないレビューや紹介行動はしてくれません。知り合いといえども、ビジネスは常に真剣勝負です。

月1～5万円の壁が超えられない人には、この、知り合いに依頼することに抵抗を感じてしまう人が多く見られます。不正とは思わないまでも、恥ずかしい、頼める人がいない、というあたりが主な理由ですが、ここは一人一人の本気度が試されるところです。第一章で、「今の気持ち、決意を、ペラペラと周囲に口外してはならない」と書きましたが、それは、その当時のあなたのビジネスがまだ〝絵に描いた餅〟にすぎなかったからです。**今は極めて現実的な数字を追いかけている最中であり、人の助けを必要としているタイミングです**。今こそ、あなたのプライド、恥ずかしさ、そんな〝マインドブロック〟を突破し、人に話してお願いをする時です。

あなたは、今、起業の神様に試されています。本気でSNSや動画からの発信に取り組む、本気で営業に歩き回る、人に頭を下げる、本気でライバルを研究し、掲載文のブラッシュアップに取り組む。そのどれも難しいのなら、自己資金を投下して、プロにコンサルティングを依頼する。あるいは、Google、YouTube、TikTokやＬＩＮＥ広告、前述のコナラ広告などでプロモーションしてみる。その腹を括れるかどうかです。

初めての広告投資は、お金が溶けるように減っていくことに恐怖を感じることでしょう。お金と引き換えに確実に価値を得られる通常の買い物と異なり、広告は何も成果がないまま、お金だけが消えていくこともありえます。ですので、大した反応がないまま、1000円、2000円とお金が減っていくうちに、怖くなって広告を止めてしまう人がとても多いのです。もちろん、止めても構いません。ですが、**それ以外に顧客にアプローチし、売り、レビューを集める方法がないのなら、広告を再開しなくてはなりません。**どうしても怖いのなら、自らの手足を動かして発信するしかありません。それはそれで、一つの覚悟であって、立派な選択です。

広告は、見込み客の多くが見ている媒体を選び、告知文を修正しながら、成約率（ＣＶＲ）の向上を図っていきます。媒体さえ決まれば、あとは書籍やネットにたくさんの情報がありますので、調べてみましょう。

レビューと実績が積みあがってくれば、広告を打たずともお客様が来るようになり、商品単価も少しずつ上げていけるようになります。見栄やプライドを捨てて知り合いに声をかけられるか、それが難しければ、後で回収できると信じ、投資を続けられるか。そこがこのステージのチャレンジです。

ここでまた、実際にあった事例をご紹介しましょう。「傾聴スキルを向上させることで仕事の人間関係を改善させるトレーナー」として起業したIさんは、研修プログラムの準備をしたものの、立ち上げ当初は思うように集客できず、起業アイデアの変更を考えていました。ですが、多くの人がこのスキルの重要さに気付いていて、身につけたいと思っているのにもかかわらず、実際は、研修で習うだけで現場では使えていないことを知っていたIさんは、この現状を打破することを諦めることができませんでした。そして、ついにIさんは一念発起し、プライドを捨て、恥ずかしさも乗り越え、これまでの人生でもらった名刺、ＳＮＳやＬＩＮＥなどスマホに入っていた連絡先すべてに、自身が傾聴トレーニングのサービスを始めたこと、それを必要としている人を知っていたら紹介してほしいとの連絡を送ったのです。その数は３００人を超えました。多くは無反応。ＬＩＮＥをブロックされたこともありましたが、数名の方から返信があり、個人契約や企業研修の獲得につなぐことができたのです。

このステージでは、これまでの自分がやってきたこと、自分にできることだけでは解決できない課題がたくさん現れます。知り合いに頭を下げること、営業活動、情報発信、すべて未経験という人も多いと思います。実は、長い起業準備生活、いくつもある起業準備のステージにおいて、もっとも困難であり、**離脱率が高いのがこの「起業STAGEⅡ売上1～5万円」なのです**。ここを突破してしまえば、経験からの慣れ、人に委託できる資金、集客できるまでに育ったポータルサイトやSNSのアカウントなど、環境が整っているため、未来への視界が一気に拓けてきます。ここを乗り越えてください！

とは言っても……、ここに記したような活動が、どうしてもできない方もいらっしゃいます。「だからダメなんだ」などと言うつもりは毛頭ありません。**本書で繰り返し申しておりますように、人には適性があります**。そして、向いていないことを続けることは苦しく、また、自分に合ってない環境で働き続けることは、とても辛いものです。

では、ここまで書いてきたことがどうしても難しい方は、どうすればいいのでしょうか？　一緒に考えていきましょう！

4 「自分は起業に向いていない」と考えたら

ビジネスは1勝9敗の世界

「自分には起業は向いていないようです」。このステージで挫折していく人から、この言葉を何度言われたことか……。25年以上の起業支援活動の中で、たくさんのことを言われてきましたが、その中でも、もっとも辛い言葉の一つかもしれません。**私に言わせれば、起業に向いていないのではなく、「選んだビジネスが違った、あるいは、それを実行する環境やタイミングがズレていただけ」ということ**なのですが……。心が折れてしまっているからか、なかなか伝わりません。

確かに、明らかに向いていない人もいます。それは、働けば必ずお金がもらえる感覚に慣れすぎている人、仕事は与えられるものという「指示待ち感覚」が抜けない人、確実にうまくいく保証がないと動けない人などですが、私のところに来てくださる方については、そういうタイプの方はほとんどいません。ただ、正直に申せば、ちょっとだけ、**「最近の大人は諦めるのが早いな（泣）」とは感じています**。諦めないで何度も挑戦できるように、常に、なるべく資金をかけないでできる方法を共有していますし、会社を辞めなければ生活に困ることはなく、成功するまで趣味感覚で取り組めるのですから、1年半〜2年くらい本気でやってみたらいいのに、とは思っています。正直に言いすぎかもしれませんが、**ビジネスは1勝9敗の世界です**。その1勝で9敗の負けを全部取り返せるので、コツコツ取り組み続けた人が勝つのです。

それでも、月に数人は、「お見事！」と言ってしまうほどの素早さと角度で〝できない理由〟を見つけ出し、手じまいをする人が出てきます。それはそれで、その人の選択ですから、私がとやかく言うことではありません。ですが、**そんな人が起業に向いていないのか、物事を続けることができない大人なのかと言えば、（多分）そんなことはない**ということは、お伝えしておきたいと思います。なぜそう言えるのか？　それは、これがたとえば起業ではなく、旅行やデートだったりした場合、その人はまったく違う行動をしていることが多いのです。何とか時間を捻り出すために頑張ったり、喜んでもらうために美味しいお店や素敵な宿を必死に探したり、ダメとわかっていても全力で誠意を尽くしたり、とにかく粘り強く、想いを実現しようとします。**やる気になれること、自分が手にしたいことなら、本気で挑戦できるのです**。そして何より、たとえ起業を1〜2カ月で諦め、投げ出してしまった人であっても、会社では何十年も働き続けてきたのです。苦手な人がいようと、眠かろうと、満員電車で疲弊しようと、それらを乗り越えて続けてきたのです。その旅行やデートと起業、一体、何が違うのでしょうか？　なぜ、起業に関しては、続けていくことができなかったのでしょうか？

初動の判断ミス

私は、**その原因は、初動の判断ミスによるもの**と考えています。最初に選んだ起業アイデアが、あなたにとって簡単ではない、手間暇のかかるものであった場合、あなたの中に、「起業で成功するには、もっと大変な、手間も時間もかかることをしなければならない」という意識が定着します。始めたビジネスが、あなたにとってつまらない、辛いものであった場合、あなたは、「成功するには、今よりももっとつまらない、辛いことをしなければいけない」と思うようになります。一人で悩んでいる人は、「成功するには、いつも一人で悩まないといけない」と感じています。

一方で、最初、自分にとって簡単なことから始め、サクッと1万円程度を稼ぐ体験をした人は、「もっといっぱい稼ぐには、もっと簡単なことをたくさんやればいいんだ」と思うようになり、今、ビジネスを楽しんでいる人は、「もっと稼ぐために、もっと楽しいことをしよう」と思っています。周りの人に助けてもらってうまくいった人は、「次のビジネスでは、誰に助けてもらえるかな」と考えています。

・やることが想像以上に多くて面倒
・自分にできることがない
・成功できるイメージが持てない
・やっていて楽しくない
・忙しくて時間が取れない

こんなネガティブな気持ちになり、心が折れてしまうのは、**はじめの一歩の印象が大きく影響しているから**だと思うのです。

正直に申し上げれば、そう思ってしまうのも仕方ないことだと思います。何から何までやったことがない、わからないことばかりでは、自分のやっていることに自信を持てる人も少ないでしょう。また、お料理自体は好きでも、後片付けは嫌いな人もいるように、起業準備活動のすべてが楽しいと感じる人もいないと思います。向いている、いないということではなく、初めての体験がネガティブに言語化されてしまったことによって、地雷を踏んでしまった。それが、あなたのやる気を決定的に削いでしまったということです。

起業アイデアからやり直すのも手

ですが、いろいろ思い、迷うことはあっても、その決定打となる地雷さえ回避できれば、「後ろ向きな諦め」という最悪の事態は避けることができます。いわゆる、「前向きな軌道修正」であれば問題ないので、そこは分けて考えるようにしましょう。判断基準は、モヤモヤしていた〝期間〟ではなく〝行動の質と量〟で、やることをやったのに成果が出ないのなら、適性やタイミングが影響していることも考えられるので、仕切り直すのも手です（※会う度にコロコロ変わっているような、やることをやっていない人は別です）。**最初に戻って起業アイデアの選択からやり直せば、新たな体験から、イメージを再インストールすることが可能です**。実際、私はそんな、不死鳥のごとく復活し成功した人を、数えきれないほどたくさん見てきましたし、何も心配することはないと確信しています。

合同会社ILODOLY代表社員の氏家さんも、いくつものビジネスを試し、仕切り直し、成功をつかんだ起業家の一人です。氏家さんは、元々、いつか途上国の支援に貢献できる事業をやりたいと考えていました。ですが、会社に勤めながら大掛かりな活動をすることは非現実的なため、まずは自分にできることから始めようと、自分の持つリソースの棚卸しを行い、ご自身の親戚にフィリピン人の方がいて、大使館にコネクションがあることを再認識。それを強みとしたビジネスができないかと模索した結果、日本在住フィリピン人の生活支援ビジネスを思い立ちました。ですが、始めてみるとまったく集客できない現実を思い知ります。彼らには彼らのコミュニティ、友達同士、先輩後輩で相互支援が機能しており、日本人の氏家さんがそこに入り込む余地がなかったのです。氏家さんは、半年ほどで継続を断念。別のビジネスに切り替えることにしました。

2番目のビジネスは、彼の持つルートから入手できる〝ラム酒〟の日本国内販売。フィリピンパブやバーに営業を掛けるものの、すでにお酒の仕入れルートは決まっており、あえてリスクを取って仕入れ先を替えることはしてもらえませんでした。同時に、フィリピン料理店の食べ歩きブログを書き溜め、ビジネスにつなぐ機会をうかがっていましたが、これまた特に反響もなく不発に終わりました。

フィリピン関連ビジネスでは勝算がないと判断した氏家さんは、「とにかく、今の自分にできることを何でもやってみよう」と決意しました。多くの人はここでフェードアウトしてしまうのですが、氏家さんは、「起業したい」という想いが強かったためか、次の一手までのインターバルが非常に短く、すぐに新たな行動に打って出ました。

氏家さんは、改めて自身をいくつかのポータルサイトに登録し、本業で得た経験を活かし、外国企業が日本国内で活動するためのサポート業務の販売を始めました。いくつもの案件を獲得しながらチャンスをうかがっていると、中東の企業から、デーツの日本市場調査依頼が舞い込んできたのです。この出会いが氏家さんの転機となりました。

氏家さんは、デーツの生産者に会うためにサウジアラビアへと飛び、農園の調査を開始。その後、様々な規制や困難をクリアし、ついに販売権を獲得。現在も、日本人にオーガニックデーツの魅力を伝えるべく、日々奮闘中です。

・合同会社 ILODOLY（https://www.ilodoly.com）
・Upwork（https://www.upwork.com）
・Freelancer（https://www.freelancer.jp）

5 やる気が削がれる場面を知る

✓あなたの地雷はどこにある？

ここでは、あなたのやる気を決定的に削いでしまう致命傷になる〝地雷〟の特定ワークを行います。「これさえ避けられれば、とりあえず継続できる」。そんなポイントを見つけておきましょう。

自分の地雷がわかると、前に進めなくなった時に、落ち込む必要も、深く悩む必要もなくなります。地雷を踏んだか、目の前に地雷があって進めないだけなので、回復させるか、そこを回避できる別ルートに変えればいいだけです。その道をまっすぐ行くことに、シンプルに挫折すればいいのです。

細かい表現は人によって異なると思いますが、起業前後には、次の図のような地雷ゾーンがあります。

実際、地雷のほとんどは〝思い込み〟で、「ならばどうしよう?」と考えたり、**大きなお金を投入していなければ、リセットボタンを押してやり直せばいいことばかりです**。ですが、わかっていてもできないがゆえに地雷として存在するわけですし、人間誰しもそんな何かを抱えているので、避けて通ることも簡単ではありません。放置すれば、場合によっては、一発でとどめを刺される事態に陥ったり、ボディブローのように心の疲労が蓄積してしまうこともあるため、やはり、できる限り回避できるように、また、踏んでしまった時に回復できるように、自分の地雷を特定しておくことは大切です。無理して撤去する必要はありません。踏んでしまう、進路をふさがれてしまうことを予定しておき、対処方法

起業前後の地雷ゾーンの例

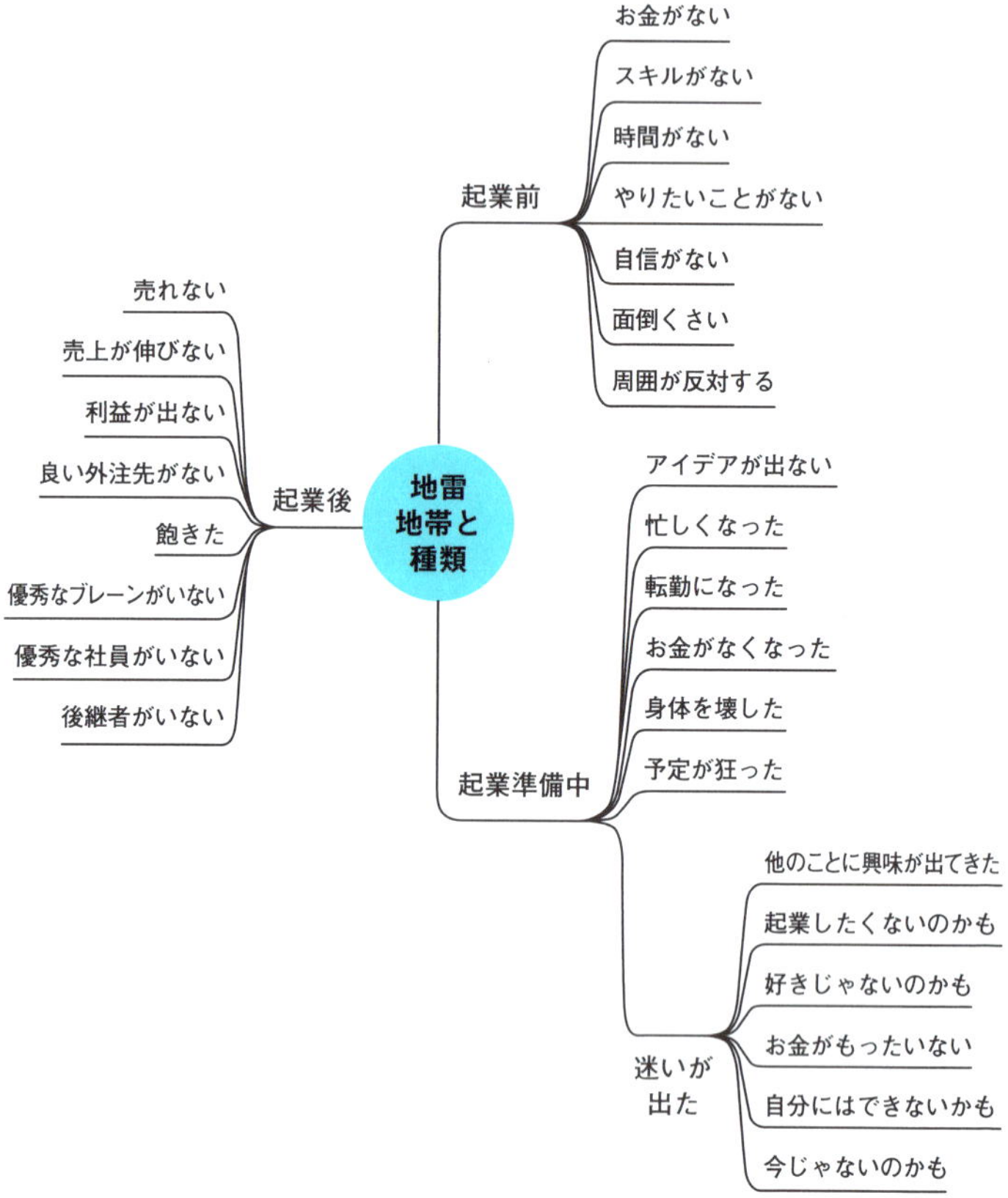

を考えておきましょう。

地雷の回避と対処

ちなみに、私の場合、以下のようなことがあると、一気にやる気がダウンしてしまいます。まさに地雷です。あなたの場合はどうですか？　いくつあっても構いません。たくさん書き出してみてください。

・満員電車に乗らなくてはいけない
・セミナーに時間通りに来てくれない
・信頼していた人に去られる
・起業に挫折していく人を見る
・評論家に好き勝手に言われる

他にもありそうですが、主にはこんなところでしょうか。これらのことが起きると、私の場合、翌朝から早く起きられなくなり、たくさん食べてしまったり、お酒を飲みすぎてしまったり、ロクなことがありません。こんなことを何度も繰り返していれば、この大好きな起業支援の仕事であっても、続けていけなくなってしまうでしょう。私にとってこれらは、それほど辛いことなのです。

では、これらを回避するために、日ごろ何をしているか、また、追加で何をしなければならないか、書き起こしてみます。

・満員電車に乗らなくてはいけない
オンラインを利用する。ラッシュ時の外出仕事は極力請けない（※移動時間は、せめて活用できる時間にする。ラッシュは起業準備の大敵です）。

もし、地雷を踏んでしまったら

どうしても時間調整ができない場合には、前乗りしてホテルに泊まるなど、体調を整えることを優先する。

・セミナーに時間通りに来てくれない
ルールを明文化し、申し込み前に事前承諾してもらう（※実際、時間通りに来ない人は信じられないほど多いです）。

●もし、地雷を踏んでしまったら

他の参加者の迷惑にならないように、開始時間をすぎたら入室できないようにする。1on1の場合には、開催をキャンセル。いずれも返金する。

・信頼していた人に去られる

感謝を忘れない。お礼やお詫びは必ず言葉にする。外注パートナーさんの場合、金額で選ばない（※有能な協力者は人生の宝。簡単には見つかりません）。

●もし、地雷を踏んでしまったら

その人の決断を尊重し、去る者は追わず、前を向く（※引き留めても、しこりが残ってしまうことが多いです）。

・起業に挫折していく人を見る

これまでの経験から把握できている〝挫折ポイント〟を回避できるカリキュラムを提供

する。コンテンツを常にアップデートする。

●もし、地雷を踏んでしまったら

その人がなぜ、どこで挫折したのかを次に活かす（※目標達成には、起業したい理由／目的が何より大事なので、現実と乖離した部分を確認する）。

・評論家に好き勝手に言われる

誰に対する情報なのか、どのステージの方に向けての内容なのかを明確にしてから発信する。エゴサーチはしないようにする。

●もし、地雷を踏んでしまったら

反論などはせず、そこから学び取れる要素を探す。信頼している人に、少しだけ愚痴を聞いてもらう。

あなたの場合は、いかがでしょうか？　自分が辛いと感じることと向き合う、ちょっぴりしんどいワークですが、一度だけで大丈夫です。取り組んでみてください。

この、**「起業STAGEⅡ　売上1~5万円」のステージは、まだ自分の決めたこと、決めようとしていることに自信が持てない状態**のはずです。もっとも多く出てくる感情は、「これを続けてうまくいくのだろうか?」ではないでしょうか。この感情の正体は、失敗したくないという真面目な性格、会社員の習性からくる〝完璧主義〟であることが多いのですが、これは前述のように、**あれこれ試して自分に合うビジネスを探していく以外に解決できません**。ですが、少しでもうまくいかないこと、わからないことにぶつかると、すぐにやる気が失せてしまう。指示もないし、解決方法を考えるのもしんどいので、そのままフェードアウトしてしまう。それが、多くの人にとっての起業準備の現実です。

実務編

会社員をしながら売上を伸ばす

6 お金で環境を買う

ここまで、このステージで確認すること、数字が出ていない場合のチェックポイント、そして、その時の考え方や地雷について解説してきました。営業、集客という高い壁があり、**売上5万円を超えるまで諦めない〝執着心〟が試される時です**。「精神論かよ。中身がないな」。そう言われてしまうかもしれません。しかし、実際に行動している人ならば、このステージでは、まさに精神論、何より〝執着心〟が勝負の分かれ目になることを知っています。その時になれば、わかっていただけるはずです。本書を繰り返しお読みいただきながら、行動を続けていきましょう！

さて、ここからは【実務編】です。メンタルがどうであろうと、売上が低迷していようと、手足を動かしさえすれば、機械的に進めることができる実務をご紹介します。

✓ 作業に取り掛かりやすい環境を整えること

会社員を続けながら起業準備をする場合、スキマ時間にインプットと簡単なアウトプットを行い、朝、夜、お休みの日などに、ある程度まとまった時間を取ることの積み重ねになります。**そこで大切になってくるのが、「いかに、時間ができた時、気持ちが乗った時に、すぐに作業に取り掛かれるか」ということです。**たとえば、「毎回、作業場所を確保しなければならない」、「パソコンの性能が低いので、電源を入れてから使えるようになるまでに数分かかる」、「Wi-Fi の容量が足りないので、セミナーや面談のビジネスに手を出せない」など設備が整っていないせいで〝面倒くさい〟や〝できない〟と感じてしまうような場合には、できる範囲で環境を整備していきましょう。

ノートパソコン、デュアルディスプレイ、スマホ、高速インターネット回線、クラウドストレージ、集中できる作業スペース、専用デスク、腰が痛くなりにくい椅子、まずはこの辺の**ハード面から整えていきましょう**。新品を買う必要はありません。古道具屋さんで良いものを揃えても良いですし、ジモティーの「中古あげます・譲ります」カテゴリなどを活用しても良いですね。

環境が整っていると、思い立った時にすぐに作業に取り掛かれます。これは本業を持っている人にとって極めて重要なことです。タイミングと設備と気持ちの３つが整うのを待っていると、ズルズルと先延ばししてしまいがちになります。そんなことが積み重なれば、数カ月もしないうちに〝やらない状態〟がデフォルトとなり、そのままフェードアウト確定です。

✓会計ソフトでお金の管理をすること

このステージは、お金が入ってきたり、出ていったりする機会も増え、少しずつ収支の管理も必要になってきます。もちろん、計算するまでもなく、今は赤字だと思います。ですが、開業準備にかかった費用、たとえば、セミナー参加費用、関連書籍の購入費用、機器や備品の購入費用、通信費や運賃などは、開業費として管理しておくことで、開業後に経費として計上することができます。開業費にできる出費については、「開業費にできるもの」などと検索すれば、まとまった情報が出てきますので、信頼性の高い会計ソフト会社の記事を中心に、必ずチェックしておいてください。そして何より、会計ソフトに慣れておくことも必要ですので、この辺で導入しておきましょう。

会計ソフトは、クラウド型のシステムが便利です。個人的な感想では、システムがわかりやすいのは〝マネーフォワード クラウド〟です。将来の税理士費用を見据えた場合、freeeと提携している税理士事務所のサービスを利用すると、価格を抑えることができます。また、簿記の知識がまったくない方は、勘定科目と仕訳を簡単に解説している書籍を買っておいても良いでしょう。

・freee（https://www.freee.co.jp）
・マネーフォワード クラウド（https://biz.moneyforward.com）

7 ややこしい手続きも増えてくる

このステージでは、各種行政手続きに関する悩み、断片的情報が溢れすぎているがゆえの不安も増えてきます。

開業届を出すタイミング

個人事業主として活動するための開業届の提出のタイミングは原則として、「開業した日から1カ月以内」と、所得税法第229条で定められています。ですが、遅れても特に罰則はなく、また、この「開業した日」というのが、一体いつなのかがはっきりしません。規則では、「事業開始の事実等があった日」とされており、「事業開始の事実等って何？」と、ますますわからなくなってしまいます。おおよその判断基準は、以下のようになります。

使った金額で判断する

フランチャイズやM＆Aで、数百万円規模のお金を投資してビジネスを始めた（る）場合、1カ月以内と言わず、なるべく早く開業届を提出したほうが進めやすくなります。人件費を経費として計上できますし、補助金や助成金、融資など様々な手続きをする際に、開業届の提出を求められることがあるからです。なお、前述のように、開業日より前に使ったお金は〝開業費〟に分類され、繰延資産の扱いになってしまうため、決算で任意の額を償却して経費にする必要があり、会計処理がちょっと複雑になります。**大きなお金を動か**

している場合には、決算や確定申告は税理士さんにお願いすることを考えましょう。得意ではない、面倒な心の重りになるものは、さっさと切り離すのが得策です。

また〝青色申告承認申請書〟も同時に出しておくことで、青色申告特別控除を受けることも可能になります。さらに、赤字になっても確定申告すれば、一定期間、赤字を繰り越すこともできるのです。ようするに、税金がお得になるということです。ただし、住民税が会社のお給料から天引きされている場合（※ほとんどの会社員はそうなっているはずです）、赤字で確定申告すると、会社に活動が知られてしまうリスクがありますので、そこは注意しておいてください。

なお、青色申告承認申請書は、開業後2カ月以内に提出すれば、その年度分から青色申告をすることができます。それ以外のタイミングで、白色申告→青色申告に切り替えたい場合には、3月15日が提出期限になりますので、忘れないようにしましょう（※細かいルールは国税庁のホームページで確認してください）。

一方、0円ではないにせよ、大した初期費用をかけていない場合は、何も焦る必要はありません。事業と言える売上（反復継続性が大事・目安売上300万円／年）を出せるように、まずは頑張ることからです。会社が副業を禁止しておらず、とりあえず出してしまいたいという方は、初売上が立った日で良いと思います。

売上の様子を見て判断する

会社員の皆さま（給与所得者）が、副業で売上を立ててお金を稼いでいる場合、その所得の区分は原則〝雑所得〟になります。その雑所得が年間20万円以下であれば、所得税の確定申告も不要（※市区町村の役所での住民税申告は必要）ですし、開業届はもう少し後の提出でも大丈夫でしょう。すでに会社員を辞めている場合はその限りではなく、控除や認めてもらえる経費の幅なども考慮し、売上が小さくても早めに出しておいて損はありません。なお、アルバイトやパートを副業としている場合は〝開業〟ではありませんので、別の話になります。**2カ所からお給料をもらっている場合、本業の会社にばれる可能性が高くなりますので、副業禁止の会社にお勤めの方は注意しましょう。**なお、アルバイト先からもらっているお金が〝雑給（あなたにとっての給与所得）〟なのか、〝外注費（あなたにとっての売上）〟になるのか判断できないようでしたら、そこはオーナーや経理担当者に確認してください（※現金でもらって何も管理していないという人もたまに見かけますが、それは完全にアウトです）。

開業届を提出するデメリットから判断する

先ほど、「すでに会社員を辞めている場合は、早めに出しておいて損はない」と書きましたが、開業届を出すことによるデメリットがある場合がありますので、確認しておきましょう。たとえば、失業保険がもらえなくなる可能性があることです。ネット上には様々な情報があり、言葉も難しいので混乱してしまうかもしれません。個人事業主や会社役員になる場合などは、手続きの仕方もそれぞれなので、詳細をハローワークに確認しながら段取りするのが最も確実です。簡単に言えば、条件を満たしてきちんと申請すれば、会社を辞めた人が起業する場合でも、失業保険や再就職手当を受給することは可能です。そして、**その条件が開業届の提出時期に関係してきます**ので、あらかじめ確認しておきましょう。

失業保険は、「自営を開始、または自営準備に専念する人」、「自分の名義で事業を営んでいる人」は対象外になっています。つまり、開業届を出していると受給できないということです。すでに出してしまった方が失業保険を受給したい場合には、廃業届を出しておく必要があります。失業保険は、あくまでも就職活動に専念するためのものなので、就活と並行した起業準備ならＯＫですが、開業したら対象外というわけです。

再就職手当を受けたい場合も同様、待機期間の後に失業認定を受けてからの開業が必要になります。開業届の提出が早すぎると、手当をもらえないということです。**細かい要件は今後変わっていくことも想定されますので、ハローワークに確認しましょう。**

これ以外には、扶養から外れてしまうのではないか、会社にばれないか、あたりが気になる方も多いようです。ですが、これらは開業届の提出とは関係がなく、扶養から外れるか否かは稼ぐ金額次第であり、会社ばれに関しても、開業届を出したからといって会社に通知がいくことはなく、自分の活動と住民税の支払い方法（※確定申告時に普通徴収を選択する）次第ということになります。このあたりの法律も、いつどのように変わるのかは誰にもわかりませんので、常に最新情報をチェックするようにしましょう。

✓確定申告について知っておこう

ほとんどの会社員の場合、自分の事業（副業）からの所得が20万円／年を超えたら、所得税の確定申告が必要になります。所得とは、売上（収入）ではなく、そこから必要経費を引いた額のことを言います。この額が年間20万円を超えているかどうかで判断するために、計算、つまり帳簿をつけることが必要になります。そのために、会計ソフトを導入しておこうということですね。

確定申告が必要な所得レベルになっていることがわかったら、個人事業の場合は、1月1日から12月31日までに、自分（副業）から生じた所得をまとめ、翌年の2月16日から3月15日までの間に、確定申告（書類を提出）することになります。基本的には、会社にお勤めであれば、年末調整をしていれば確定申告の必要はありませんが、自分（副業）で稼いだ所得が20万円以上ある場合には、申告をする必要があるのです。会計ソフトを導入しておけば書類作成自体は簡単ですが、1年間、ろくにお金の管理をせずに過ごしてしまった場合には、領収書の整理、仕訳の入力作業、書類作成作業を一気にしなければならなくなり、締め切り（3月15日）に追われて大変な日々になります。面倒であれば、税理士さんや記帳代行会社に依頼するなど、外注化も考えましょう。

・せどり専門の格安経理代行（https://fukugyo-keiri.com）

確定申告は、会社からもらっている給与所得と、自分（副業）で稼いだ雑所得を合算して申告します。その後、自分で稼いだ分にかかる追加の所得税を納めることになります。

納付書が自宅に届きますので、それに沿って支払えばＯＫです。

もう一つ、住民税についても押さえておきましょう。税制の細かい話はさておいて、住民税も、会社からもらうお給料から、毎月天引きされている（※特別徴収と言います）税金の一つです。お給料が増えれば、翌年から住民税も増え、減ればその逆になります。そして、自分（副業）で稼いだ所得が追加されることによっても、住民税額は変わるので、天引き額が急に変化すると、会社の経理担当者に気付かれてしまう可能性があります。そこで、会社にばれたくない場合、お給料から天引きされない形（※普通徴収と言います）で、自分（副業）で稼いだ分の住民税を払う必要が出てくるのです。そのため、所得税を確定申告する場合には、確定申告書第二表の「住民税・事業税に関する事項」で、「自分で納付」（普通徴収）を選択します。所得税の確定申告をせず、住民税の申告のみしたい場合には、各市区町村の役所に連絡をし、住民税の納税を普通徴収で行いたい旨を伝えます。担当者の方が間違えないように、普通徴収をお願いしたいことを、繰り返し伝えましょう。

いろいろと厄介なインボイス制度

〝インボイス制度〟という言葉を聞いたことがあるかもしれません。会社員をしている場合には、この制度の影響を大きく受けているのは、経理部門、そして、経費を使う営業部門などでしょうか。しかしながら、自分で事業を始めたら、何かと厄介な影響を受けることになります。この制度はようするに、この制度に登録した事業者に登録番号が付与され、商品やサービスを買う際には、その番号を持っているところから購入しないと、購入した人が負担する消費税が多くなる、というものです。対一般消費者（ＢｔｏＣ）のビジネスであれば、仕入税額控除を行う必要がなく、ほぼ影響はありませんが、対企業（ＢｔｏＢ）のビジネスの場合には、登録事業者にならないと、取引してもらえない可能性があります。「ならば登録すればいいじゃない」と思うわけですが、登録すると消費税の確定申告作業が発生するようになり、当然、納税もすることになります。納税は国民の義務であり当然のことですが、何かを購入する際にも、相手が登録事業者かどうかを確認する必要があり、申告や事務作業の手間はなかなかのものです。

これを回避するには、事業をＢｔｏＣに限定してインボイス制度に未登録（免税事業者）のままでいること、ＢｔｏＢでも、未登録の事業者や簡易課税事業者のみと取引すること、取引先に事情を説明して未登録のままでいることなどが考えられます。ですが、今後の発展を制限してしまうようで、あまり乗り気になれませんね……。あるいは、せめて負担を半減させる方法として、インボイス制度に登録するにしても簡易課税事業者になっておくという手があります。これは、消費税の計算を簡素化できる制度で、取引先が登録事業者かどうかを気にする必要がなくなります。

インボイス制度についても、今後様々な変更がありえますので、最新の情報を確認するようにしましょう。

・国税庁　インボイス制度について
(https://www.nta.go.jp/taxes/shiraberu/zeimokubetsu/shohi/keigenzeiritsu/invoice_about.htm)

8 人脈の取捨選択

✓優先的に資源を振り分ける人を決める

本章前半では、多くの知り合いの力を借りよう、知り合いを作ろうと、多くの人に連絡したり、様々な場所に出向いてみたりすることを推奨しました。スルーされる、**「陰なが**

ら応援しています」、「何かありましたらよろしくお願いします」、「お仕事頑張ってください」とだけ言われて何も起こらないのが大半だと思いますが、そんなことはすべて想定の範囲内なので、気にせずどんどん行きましょう！

とは言え、ただ闇雲に知り合いを増やすだけではなく、増えていく人脈を整理しておくことも大切です。ただでさえ忙しい起業準備です。時間には限りがあります。エネルギーも無限ではありません。限られた資源を振り分けたい人と、距離を取りたい人に分けておくことは、意外と大事なことなのです。「損得で人を切るのか……」と嫌われてしまいそうですが、決して切るわけではなく、**優先的に資源を振り分ける人を決めておく**という意味になります。

今のステージで一番つながりたいのは、あなたの応援団となってくれる人です。人脈が多く、「あなたを人とつないでくれる人」とつながることができれば、ビジネスは大きく発展していきます。よく、わずかな出費を惜しみ、そのような人とのつながりを簡単に切ってしまう人がいますが、大きな損失であることを認識しなければなりません。

今のステージでは、**とにかく〝ハブ的なポジションにある人〟を意識しましょう**。あなたに売ろうとする人、同業者、お金を出そうかと言ってくる人など、色んな人が声をかけてきますが、今その人たちに、あなたの貴重な資源を割いても、ビジネスの発展にはつながりません。

また、つながりを持ちやすい、同じ志を持つ起業仲間であっても、**あなたの気持ちを冷ましてしまう人とは、距離を置いたほうがいいでしょう**。たとえば、愚痴を言いすぎな人、傷のなめ合い仲間を探している人、指示／許可待ちで他責思考の人、保留／検討ばかりしている人、今できることを頑張らない人などは、すでにこのステージに来たあなたには合いません。その人に対して、「あなたはこうするべき」などと意見を言う必要はありません。ただそっと離れるだけです。さらに言えば、時間や期日の約束を軽んじる人、口が軽い人などは、仮に仕事をくれそうな力を持っている人であっても、近づかないほうが無難です。振り回され、心を削られるのは目に見えています。

自分でビジネスをする場合には、原則、違和感のある人とは付き合わないことです。**会社組織ではないのですから、無理に迎合する必要はありません**。無理して付き合っても、後で必ずと言っていいほどトラブルを起こします。その他にも、今こんな人と関わると、あなたの負担になります。噛み合わない人とは、絡まないようにしましょう。

・隠し事をする人／言いたいことを言わない人／ネガティブすぎる人
・プライドが高すぎる人
・マウントを取る人／揚げ足取り／横柄／失礼／あなたを軽く扱う人
・匿名だと態度が変わる人（ネット上やお店などで）
・人を妬む人／陰口気質／批判ばかりする人／人を下げて自分を上げる人
・人を応援しない人
・アドバイス大好き人間
・かまってちゃん
・成長しない人／「でも……」が口癖の人／決められない人

大切な人と向き合うだけでも、時間（人生）は足りないのです。自分にマイナスになる人、嫌いな人、嫌いになってしまいそうな人とは、その人のことを好きになれる距離まで離れて、そっと眺めていましょう。

顧客や取引業者も例外ではない

また、距離を置いたほうがいい人は、まだ数少ないあなたのお客様の中にもいるかもしれません。いちいち値切ってくる人、お試しだけしていつまでも買わない人、感情的になって取り乱す人、権力を盾に理不尽な要求をしてくる人などは、早く対処しなければ、こちらが潰されてしまいます。私も過去に理不尽なクレームを受けたことは何度かありますが、もっとも記憶に残っているのは、サポート開始後1日で、「起業できないじゃないか！」と大騒ぎされたことです（笑）。経験25年超の私でも、さすがに無理でした。

もちろん、お客様のみならず、取引業者にも合わない人はいます。特に、**小さな会社の人間に対して横柄な態度をとる人とは、付き合わないほうが無難です**。私自身も、大企業の若手社員さんに、「おい業者！」と呼ばれてびっくりした経験があります。「この有名企業の社員がこんな感じか……」と愕然としてしまいました。それ以外にも、契約前には猛烈な営業電話が続き、お金を支払った途端、ぱったりと連絡がこなくなるなんてことは、いつものこと。さらにひどいものでは、見積り金額がどんどん上振れしていく契約をお断りしたところ、法外なキャンセル料を請求された上、「契約書に実印をついて送り返せ！」と迫ってきた業者もいました。もちろん弁護士に相談し、さっさと切り捨てました。

この先、あなたのステージは上がっていき、やりたいことや夢が実現していくことになります。そして、**人とのつながりが、その成果に大きく影響していきます**。前に進む力は、新しい知識と経験、情報との出会い、そして、上にあがる力は、人に支えられ、引き上げられて、上昇していくことになります。それらの力のバランスで、飛行機のように離陸していけるのです。

そうは言っても、「そんな人脈などない」という人が大半でしょう。会社の同僚と親戚、自分と似たような仕事をしている友人、大人の交友関係は意外と狭いのが現実です。実際、私自身もそんな人脈は皆無と言っていい状態ですし、偉そうなことは一切申し上げられません。では、私も含めてそんな人は一体どうすれば良いのかと言えば、「これから作っていく」。それだけです。

前述のように、今では個人で起業している人が集う場所がたくさん存在します。日本中どこに住んでいようとオンラインでつながることもできるので、その気にさえなれば、いくらでもアクセスすることができます。**会社員同士でつるんでいても起業にはつながりません**が、小さくとも起業している人と仲間になることができれば、少しずつ視界が開けてくることでしょう。

ただ、このような場にいる事業者のほとんどが、顧客開拓のために参加しているわけで、中々思うような人とはつながれないと思います。名刺交換をしながら、積極的にお互いを売り込んでいる光景に圧倒され、場違い感を抱いてしまうかもしれません。ですが、何もしなければ何も起こりませんから、気長に取り組み、つながりを増やしながら、「あなたの応援団」を見つけていきましょう。ちなみに、**そのような場でもっとも力を持ち、ハブ的に動いている人は、その場の参加者ではなく〝主催者〟です**。その人こそ、つながる価値のある人の可能性が高いので、あなたとの相性が良いかどうか、交流して確認してみると良いでしょう。

9 寝ている間に売れていく導線の確立

ここまで【実務編】をお読みいただいて、「人脈活動の大切さはわかった。増やして、整理して、応援団を増やしていく。ハブ的な人とつながる。それはわかりました。ですが、そんな時間もないし、そもそも人が苦手だし、営業なんてできないし……」。そんなお気持ちになっている方も少なくないはずです。私もそうでしたから、よくわかります。解決策は一つ。ならば、「本気でネット集客に取り組むこと」です。やることは、以下の通りです。

・ＳＮＳからの発信と交流
・動画からの発信（ＢｔｏＣの場合）
・ブログやホームページからの発信
・集客導線の構築
・代理店契約
・とにかく継続

ＳＮＳからの発信と交流

本章【思考編】冒頭でもお伝えしました通り、小さく起業して売上を伸ばすためには、ＳＮＳを使うほうが有利です（※せどりは対象外）。人脈活動ができない、やりたくないのでしたら、チラシやＦＡＸでの集客もないわけではありませんが、ＳＮＳをやらない選択肢はありません。ですが、これだけＳＮＳが普及している今でも、情報を受信している人は多くても、積極的に発信している会社員は多くありません。しているにしても、匿名で旅行やグルメ、お子様やペットの成長記録など、プライベートな投稿だけをしている人がほとんどです。

ここで求められるのは、ビジネスのための発信と交流になります。では、プライベートの発信と、ビジネスのための発信は、何が違うのでしょうか？　一般的には、企業アカウントからは、製品やサービスの情報、業界ニュース、ハウツーや教育コンテンツ、顧客の成功事例、キャンペーン情報などが発信されていますが、このような公式アカウント的な発信には人間味がなく、金銭的な得がない限りフォロワーは増えません。**個人ビジネスのアカウントの場合には、中の人の体温も感じたほうが親しみやすくなり、ファンが付きやすくなります**。たとえば、以下のような投稿を混ぜてみてはいかがでしょうか？

・読んだ本の紹介
・食事をしたレストランの紹介
・人脈の紹介
・ご家族との休日の紹介
・趣味の紹介

ただ、これは**プライベートのアカウントとは違いますので、何でも発信して良いわけではありません。**たとえば、経営コンサルタントとしてブランディングしたいのに、「お昼は立ち食いそばでした♪」などと投稿するのは、何となくしっくりきません。「この発信はフォロワーにとって価値がある情報か」という視点だけは忘れないでください。

✓動画からの発信（ＢｔｏＣの場合）

ＢｔｏＢのビジネスでは、取引先探しのために動画を観る人は多くなく、また、勤務中に見ている人も少ないため優先度は低くなりますが、**ＢｔｏＣの場合には、ＳＮＳと併せてぜひ取り組んでいただきたいのが、動画マーケティングです。**

どうせやるならチャンネル登録者を10万人以上にしたり、1動画当たり数万回再生と伸ばしたいところですが、現実はそう甘くありません。もちろん、テーマにもよるのですが、一般人である私たちの一人語り動画など、せいぜい数回～数十回再生が関の山です。ならどうすればいいのかと言えば、そもそも、そこまで**チャンネル登録者数や再生回数を伸ばすことを諦めればいいい**のです。もちろん、伸びるに越したことはありませんが、そのためには、企画や編集に膨大なエネルギーを費やしたり、インフルエンサーにピックアップしてもらうなどの運も必要になるため、コスパが悪すぎます。そうなれば、できることは限られてきます。撮り放し無編集で、企画ものでもない動画を見てもらうためには、いわゆる時事問題、炎上テーマに即乗りして解説したり、人気ドラマで使われていたアイテムを紹介したり、トレンドに引っ掛けていくしかありません。

・動画の再生回数を伸ばす方法・アルゴリズム解説
（https://p2bco.net/youtube-views.html）

✓ブログやホームページからの発信

今や最も難しい、しかし、成功したら最強と言えるのが、このブログやホームページからの発信→検索エンジンでの上位表示です。いわゆるSEOと呼ばれる技術ですが、度重なるGoogleアップデートにより、多く検索されるキーワードの検索結果において、**個人ブログやWEBサイトを上位表示させることは、今や絶望的に難しくなりました**。優先順位としては、「SEOは、他の手段をやり終えた最後にやる」と考えて、まずは、ネット上に置くチラシ、自社商品カタログと捉えて、指名検索（※あなたの名前や屋号で検索されること）された時だけ表示されればいいと割り切って、インフラだけ整備しておきましょう。これだけでも、やっておくのと、やらないのとでは大きな差があり、あなたを誰かに紹介したい人、紹介された人が見てくれるだけでも、大きな価値があります。BtoBビジネスの場合には、ホームページを持つことは特に重要です。

集客導線の構築

SNSでも動画でも、ただ発信しているだけではフォロワーがわずかに増減するだけで、ビジネス上は何も起こりません。コメントやいいねをすることで、薄いつながりをどんどん増やし、その先につないでいきます。即効性はありませんが、**半年も積み上げれば、強力な集客ツールが出来上がります**。では、どうしたらその先につなぐことができるのでしょうか？

BtoBの場合、商品／サービスの詳細資料、ノウハウハンドブック（PDF）、無料相談の受付フォームなどを準備します。薄いつながりで認知されたら次に、それらの請求や配付につなぎ、その請求先に営業をかけます。

BtoCの場合は、プレゼントを準備します。これはいらないものをあげるのではなく、有料級の価値のあるものを無償提供することが求められます。たとえば、物を売っている場合には、お試しサンプル品、試食、その他の場合には、ノウハウをまとめたハンドブックや体験チケットなどを準備し、ＳＮＳ、動画、ブログなどのあらゆる場所で、それをばら撒きます。その際、ただ撒くのではなく、ダウンロードしてもらう前に、こちらから商品／サービスのご案内をしても良い旨の許可をいただいた上で（オプトイン方式）、メールやＬＩＮＥを登録いただき、その連絡先に様々な有益情報をお届けして、さらにその先のお試しにつなげていきます。このような手法を〝リストマーケティング〟と言います。

ちなみに、ダウンロード申し込みの受付には、Google FormsやＬＩＮＥ公式アカウントを利用すればお手軽です。ＰＤＦなどのファイルは、レンタルサーバーを借りていない場合には、Google Driveなどのクラウドストレージにファイルを保存し、一般公開で共有。自動返信文に、そのファイルへのリンクを記載しておけば、自動的にＰＤＦを配布することができます。

・Google Forms（https://www.google.com/intl/ja_jp/forms/about）

実際、フランチャイズの資料請求をしたり、物販用商品仕入れサイトにアドレスを登録したりすると、数時間のうちには営業電話がかかってきます。ネット集客で簡単に売上アップと言いたいところですが、現実を言えば、ＢｔｏＢで紹介なしの新規顧客を得るためには、そのくらいの積極性が求められます。ですが、そういうことができないから、ネット集客に力を入れたいのですよね。「こんなしんどいことをしないといけないのか……、自分には無理だな」。そんな風に思いましたか？　**無理と思うようでしたら、サービス内容を少し変更して、対象を個人（一般消費者）、または個人事業主に替える**ことはできませんか？　電話なしでアプローチしやすくなりますので、展開が変わってきます。

対象が個人（ＢｔｏＣ）、または、個人に近い個人事業主ならば、電話はしないほうがいいでしょう。たとえば、メルマガを送ってみるのはどうですか？　メールが時代に合わないと感じるようでしたら、ＬＩＮＥ公式アカウントのステップ配信機能で、自動的にメッセージ送信を繰り返していくのはいかがでしょうか？　最初に仕込んでおけばいいだけですから、これなら何とかできるでしょう？

ネットは、ただ発信するのではなく、その先のリストマーケティングにつなげる。まず、簡単な仕組みを作ってみましょう！

✓ＤＭを送る

ＢｔｏＢの営業も、簡単にできることからやってみましょう。実は、既存の取引先や名刺交換をした人、自社ホームページでメールアドレスを公開している企業の場合、こちらから積極的に連絡をしても問題ないのです。とは言っても、いきなりメルマガを送り付けるのも失礼なので、**ホームページの問い合わせフォームやSNSから連絡をする**ことが多くなります。たとえば、動画編集をしているのならYouTubeチャンネルを運営している人に、ホームページ制作をしているのなら、無料ホームページを利用している事業主に、飲食店ならInstagramからDMしてみるなど、**1日3通などと決めてコツコツ取り組む**のも一つの方法です。手間はかかりますが、続けていけばヒットを打つことができます。

イタリアと日本のビジネスマッチングを展開している阿久津さんも、最初、この手法で顧客開拓をした一人です。3児の母として猛烈に忙しい日々を送る阿久津さんは、イタリアが大好き。また、豊富な人脈がある強みを活かし、ビジネスマッチングを立ち上げ起業しています。

ビジネスマッチングは、ビジネスの中でも難易度の高いジャンルになります。なぜなら、阿久津さんのビジネスで言えば、イタリアに住んでいる日本人、そして、イタリアで何かをしてほしい日本企業の双方を集客しなければならず、必要な労力がシンプルに2倍になるからです。

阿久津さんはまず、Facebookグループを立ち上げ、イタリア在住の日本人女性への呼びかけを始めました。少しずつ現地人脈を広げながら、次に日本企業を開拓する際に、このDM戦略を使ったのです。阿久津さんは、イタリアンレストラン、商社、イタリア商材のネットショップなどに次々とオリジナルのDMを送り、顧客を開拓していきました。ホームページも作成し、そこから、イタリアブランドを立ち上げたい人、イタリアで市場調査をしたい人など、新たなサービスにつながる引き合いも獲得。現地人脈とマッチングし、今では多くの企業をサポートするようになりました。3人の子供の子育て（しかも2人は0歳児！）をしながらという大変な環境でも、やる人はやっているのです。

・LA NOSTRA STRADA（https://www.lanostrastrada.com）

代理店契約

ハブ的な人とのつながりを増やしていき、紹介が連鎖するようになればベストですが、あくまでも紹介は他人の善意であり、いつ、どのタイミングで動いてもらえるのかはわかりません。実際、期待しているほど動いてくれることはなく、彼らは彼らで、自分のビジネスのことで頭がいっぱいです。**紹介が思うように機能しない場合、また、私のように人**

付き合いが苦手な場合、「お仕事として販売を委託してしまう」という考え方もあります。

いわゆる代理店契約です。

知り合いに委託できれば良いのですが、適当な人がいないようでしたら、Googleで検索してみましょう。世の中には、たくさんのエージェント会社、販売／集客代行や、テレアポ代行会社があり、良い商材、コンテンツを探しています。〝カクトク〟などのプラットフォームも存在します。

・カクトク（https://kakutoku.jp）

10 STAGE Ⅱ 実務のチェックリスト

月1万円の壁を安定的に超えていない場合

- ☑ 需要のある商品／サービスを選んだ
- ☑ 参考にする人は間違えていない
- ☑ 知り合いに声をかけた

☑SNSから発信している
☑ポータルサイトの運営者の立場で自分を見られている
☑SNSのフォロワーにシェアやリポストされている
☑発信力のある人とつながった

月5万円の壁を安定的に超えていない場合

☑さらに多くの知り合いに連絡を取った
☑既存客に紹介を依頼した
☑無料セミナーを開催し、無料相談会や体験会に誘導した
☑レビューを集めるための行動を続けている
☑小さな広告投資を始めた

その他

☑自分の地雷を確認した
☑地雷を回避する対策を考えた
☑地雷を踏んでしまった時の向き合い方を考えた

☑ 作業に取り掛かりやすい環境を整えた
☑ 会計ソフトを導入した
☑ 確定申告について理解した
☑ 普通徴収について理解した
☑ 開業届を出すタイミングについて理解した
☑ インボイス制度について理解した
☑ 時間とエネルギーを割く人、割かない人を認識した
☑ 導線の構築について理解した
☑ 導線の構築を進めている

第3章

起業STAGEⅢ

売上5〜10万円は「常識通り非常識になる」

思考編

起業家としての足下を固める

1 静かな情熱を持つ

幻想を抱くのはやめましょう

起業STAGE Ⅲは、コンスタントに売上5万円／月を超え、それを倍の10万円超えに育てていくステージです。いよいよ、**お小遣い稼ぎの副業感が消え、喜びも憂いもワンランク上、起業家としての感覚が芽生えてくるころです。**

このステージでは、まず、心の負担を少しでも軽くするために、起業家に対する幻想を捨てることから開始しましょう。「起業家は精力的に動き、社交的な性格で人脈が広く、たくさんのお金を持っていて人生を謳歌している」。今の時代を生きる自営業者、フリーランス、零細企業の社長が、そんな状態の訳がありませんから、もし、そんなイメージを持っているい方がいらっしゃいましたら、さっさと忘れてしまってください。

実際、私の周りにいる人たちは〝低温で安定している〟人たちが多く、YouTubeに出てくる有名人たちのような〝熱さ〟や〝ガツガツ感〟がありません。どちらかと言えば内向的で繊細、インドア派、面倒くさがりな人がたくさんいます。本書で何度も知り合いへの声掛けについて触れたので意外に思われるでしょうが、現実、それができる人はごくわずかです。だからこそ、「できるならやったほうが絶対いい」という意味で書いた訳ですが、お恥ずかしい話、私自身もできていません。ですので、私はネット集客に集中して取り組んできました。偶然、ブログやYouTubeが出版社さんの目に留まり、本を書かせていただけるようになり、メディアに出させていただいたり、少しずつ活動の幅も広がりましたが、根本の性格は変わりません。知らない人に話しかけたりすることは今も苦手なため、著作や発信に共感してくれた人や、起業18フォーラムのメンバーさんたちとのみ協力し合い、少しずつつながりを増やしてきました。本書をお読みくださっているあなたとも、ご縁があれば、いつかどこかで出会い、一緒に何かできるかもしれませんね！

少し話がそれてしまいましたが、ようするに、**このステージを超えていくために、「すごい人になる必要はない」と言いたかったのです**。あなたにできる、あなたに合う道は、必ず残されています。

「すごい人にならなくてもいい」。これは小さな起業をする人の常識とも言える事実なのですが、**月10万円超の売上を継続的に出していくには、何もしなくていいわけではありません。**常識ではありますが、これまでの自分にとっては非常識と言える程度まで、知り合いへの声掛けや、既存のお客様への紹介依頼を続けてください。きれいに、スマートに、ではは足りないのです。**できない人は、発信の量と質の向上、広告宣伝費の上積みを行いましょう。**うまくいっている人を妬ましく思ったり、自分には無理だと思ったりする必要はありません。世の中は不公平なもので、生まれ持った才能、美貌、資産などは人それぞれ違います。うまくいく人は、どんどん先に行ってしまうのもまた現実なのですが、今そうでなくても諦める必要はありません。**準備が整っているところには、チャンスがやってきます。**そのチャンスを掴みにいくのか、「私には早い」、「今は無理」などと言って見送るのか、その違いだけなのです。

∨チャンスをものにする準備を怠らない

昼間はスーパーのレジ打ち、夜間は男性向けファッション講師として活躍するシングルマザーのMさんも、粛々と準備を続けた結果、チャンスを掴んだ一人です。Mさんは、初めてビジネスを立ち上げた際、起業準備の基礎を軽視し、思い込みで突っ走ってしまったため、サービスを立ち上げたものの、まったく集客することができませんでした。そこで、そのビジネスは一旦放置することにし、新しいことを始めることにしました。それが、男性向けファッション講師のお仕事です。自分の知識や意見を伝えるお仕事ですので、立ち上げはスキルシェアサイトに掲載するだけ。元手はほとんどかかりません。Mさんは、一度目の反省から、次のサービスの説明文は、しっかりと気合を入れて作り込みました。具体的には以下のような単純なことですが、この小さな準備の差が、大きな結果の差を生むことになります。

・サイト内検索上位の人、サービスをピックアップする
・その中で、販売実績、レビューが30件以上の人をピックアップする
・ピックアップした人の共通点を見つけ、自分のサービスに反映させる
・低評価レビューをチェックし、自分のサービスに反映させる
・サービス名に含まれている単語、サブタイトルのつけ方を真似る
・サムネイルの色調、文字を参考にする（作成はCanvaを利用）

これらのことを1カ月ほど繰り返した結果、次第に依頼が入り始め、売上収入月1〜5万円あたりをフラフラとしていました。すると、ある日、新しく男性向けファッションメディアを立ち上げた企業から、一通のDMが入りました。その内容は、そのメディア内で、アドバイザーとして読者からの質問や相談に答えるお仕事を引き受けて欲しいというもの。Mさんは、サービス提供の準備を整えていた結果、一気に上位ステージに跳ね上がることができたのです。そして、その成功した手法を最初のサービスにも反映させ、ファッションアドバイスとのシナジー効果が生まれるように内容を改良。売上をさらに伸ばすことに成功したのです。

Mさんのしたことは、何も特別なことではありません。スキルシェアサイトにいくつサービスを載せようが、セミナー集客サイトに何種類の講座を載せようが無料ですから、できることを並べているうちにチャンスが舞い込んできた。それだけの話です。偉大な経営者の語る起業道では、選択と集中、エネルギーを集中させて一点突破したほうが良いと言われますが、コストがかからないならとりあえず出品しておいてもいいと思いませんか？　売れたらラッキーです。

とは言え、Mさんの場合もそうですが、この、**できることを並べておくという作業がP**

DCAになっており、あれこれ食い散らかして芽が出ない人との大きな違いになっています。正しいことを繰り返しているのなら、果報はそのうち来るので、寝て待てばいい。そんなやり方ができるのも、会社員のまま起業準備を進めていく大きなメリットです。

Mさんだけではありません。第二章P149でご紹介したチームビルディング、ファシリテーション研修講師Kさんも、偶然アクセスが来た会社社長とのご縁が、すでに2年以上続いている現在のお仕事へとつながっていますし、第一章P102でご紹介した、有名動画チャンネルのライブ配信に出演したコミュニケーション講師のNさんも、その配信を見た企業から研修の依頼があり、初の企業案件を獲得することができたと、嬉しいご報告をいただいたばかりです。「ネット上に自分の情報をばら撒いておくことが、運を引き寄せる」。**積極的なネット集客ももちろん大事なのですが、このような「待ちの営業」も、やっておいて損はなさそうです。**

›地に足をつけてPDCAを回し続ける

Nさんは、私たちのゼミで、こんな成果報告コメントをしてくれました。

「本日、はじめて企業研修を受注しました。受注の経緯をみなさんにお伝えいたします。

X を見た〇〇社の担当者が、私のホームページから講座の依頼→オンライン講座を実施→講座を見た企業様が、私のホームページを見て問い合わせが来る→企業研修の受注。今回学んだことは、発信の大切さです。簡単なものでいいので、自分のホームページを持っておくことはとても大切だと感じました。私のホームページはまだまだ中途半端ですが、それでもとても役に立ちました。今後も改良を続けていこうと思います。ご報告でした」

会社員をしていると、どうしても、このようなチャンスが舞い込んできたときに、「え、自分なんか（自信がない完璧主義）」、「え、利益出ない（働けば必ずお金がもらえると思っている給与思考）」、「え、昼の時間だから対応できない（何が重要かの判断ができていない）」などと**チャンスを棒に振ってしまう人が少なくありません**。実にもったいないことです。チャンスの神様に後ろ髪はありません！

「ネット集客なら、そんな待ちの姿勢じゃなくて積極的にやりたい！」と考える方もいらっしゃると思います。そんな方のために、積極的に数を打ち、小さな芽が出たビジネスを拡大させた、「公務員面接の突破校　エンノシタ」代表のヤマトさんの事例をご紹介します。彼のように動ける人は、どんどんやっていきましょう！

「公務員面接の突破校　エンノシタ」を立ち上げたヤマトさんは、地に足の着いたＰＤＣＡを積み上げてきた会社員起業家です。

かつて、地方公務員としてキャリアをスタートさせたヤマトさんですが、その後、民間企業に活躍の場を求め転職。ですが、小さな組織での人間関係や雰囲気に慣れず、会社を退職してしまいました。無職となったヤマトさんですが、再就職はせず、「自分で何かをやってみたい」という新たな挑戦への渇望に導かれるまま、様々なビジネスにチャレンジし始めたのです。

ヤマトさんが最初に手掛けたのが〝ブログアフィリエイト〟でした。ブログ記事を書いて広告リンクを貼り、読者がそのリンクをクリックすると収入を得られるという、もっともお手軽なビジネスの一つです。ヤマトさんは、新しいパソコンを購入して本気で取り組みましたが、やはり適性の問題か、わずか1カ月で挫折してしまいます。

その後、ヤマトさんは東京へと移り住み、人脈活動を開始。様々なイベントやパーティーに参加するようになりました。ヤマトさん曰く、成功者が語る体験談に触れ、多くの行動を通じて人脈を広げ、チャンスを得ようと考えたとのことでしたが、第一章Ｐ95でご紹介した会社員Ｋさん同様、**自分のビジネスを持たない状態での人脈活動は、タイミングとし**

ては早すぎです。応援してくれる人よりも、売り込もうとする人が集まってしまいます。案の定、ヤマトさんの周りにも、売れない演歌歌手やサロン経営者など、「彼を利用したい人」ばかりが集まってしまいました。サロン経営者からは、20万円の美容機器を仕入れて転売する提案を受け、ヤマトさんは大金を投じてしまいますが、美容業界の経験も商品知識もゼロのヤマトさんにとって、機器の販売などしょせん無理な話。成果は出ず、これも長続きしませんでした。

ヤマトさんが次に手掛けたビジネスは、イベントビジネスでした。ヤマトさんと似たような境遇の人を集めてイベントを開催し、ある程度の常連参加者を集めることはできたものの、これまた、そもそも大人数でワイワイするのが好きではないという適性の壁にぶつかり、継続できなくなってしまいます。

収入を得られなかったため、ヤマトさんは再就職。ですが、彼は起業を諦めませんでした。次に挑戦したのは、子供向けオリジナルデザインTシャツの販売。Tシャツを30枚ずつ作り、メルカリで販売しましたが、なんと利益は1枚100円。薄利多売が嫌になってしまい、撤退しました。

ヤマトさんと私は、ちょうどその頃に出会いました。偶然、私の主催するセミナーに参加されたことがきっかけです。そして、ともに起業準備を進め始めた4カ月後、7つ目のサービスを発売した時に、ついに市場からの反応、手応えを掴んだのです。さらにそこから7カ月、一歩ずつ実績を積み上げ続けたヤマトさんは勝負に出ます。月5～10万円前後で安定していた従来のやり方を捨て、売上を倍増させるべく、ネット集客の強化に舵を切ったのです。具体的には、目先の売上を追うことを止め、販売数を抑えて、作業に集中する時間の確保を優先するようにしました。

ヤマトさんが目指したのは、スキルシェアサイトからの脱却です。あくまでも一般論ですが、スキルシェアサイトや一部のセミナー情報アプリなどの利用者は、どうしても〝価格コンシャス〟な人（※安く品物やサービスを手に入れることを重視し、すぐにクレームを言う、商品にケチを付けたがる、マナーが良くない傾向がある）が集まりやすくなります。ブランド構築がし辛く〝チェリーピッカー〟に摘まみ食いされ、利益を出せずに終わってしまうことも少なくありません。ヤマトさんは、より自分のサポートを必要としている人に出会うため、そして、ビジネス的には、**単価を上げても価値を感じてもらえる人にだけサービスを提供するために、自前の集客導線の構築を強化し始めた**のです。

成功する人は続けている人

さて、ここからが本題です。スキルシェアサイトから脱却し、売上を倍増させるために、ヤマトさんが何をやったのか？　解説いたします。

まず、ヤマトさんは、YouTubeチャンネルを立ち上げました。今は、情報は無料で公開する時代です。ヤマトさんも惜しげもなく、自らの持つ知識を視聴者と共有し、信頼の獲得につなげました。さらに、より深く学びたいと興味を持ってくれた人には、ＬＩＮＥ公式アカウントに無料登録してもらうことで、より詳しい動画を見てもらえる流れを構築しました。ヤマトさんの考え、やり方、人柄などを十分に見てもらい、体験してもらった上で、彼の力を必要とする人からの相談だけを受け付けるようにしたのです。

ヤマトさんが構築した集客導線は、実はこれだけです。アカウント取得や設定などの手続きや作業自体は、1日で終わってしまう量です。大事なことは、発信する中身を作り込み、アップデートし続けることになります。ですから、**ネット集客を強化するには、まずは何よりも、箱の構築作業をさっさと終わらせてしまうことが大切になります**。中身をどうするかを気にしてばかりで、簡単に済ませられるアカウント取得や設定などをやらないので、いつまで経っても進まなくなってしまうのです。積み上がったＴｏＤｏが消化されないと、「あれもこれもやらなきゃ」と気持ちだけ忙しくなり、ある日すべて投げ出して、「ゼロリセット→ホッとする→後悔する」を繰り返す。これまで、そんな人をたくさん見てきました。

気持ちを乗せていくためには、〝箱〟を作った上で〝中身〟を整えることが大切です。見た目を整えることで〝やる気〟がアップすることはもちろん、それっぽくなってくると、実際に売上も伸びてくるものです。ヤマトさんの場合、コンセプトをビジュアル化するプロ（マッタケ工房 X @TakeSho_d）に依頼し、かっこいいロゴマークや、洗練されたバナーを作りました。この投資判断が、サービスのプロフェッショナル感と信頼性向上につながったと考えられます。肝心のYouTubeやLINEから発信する内容については、具体的な面接対策のアドバイス、模擬面接、フィードバックの提供など、次々と質と量ともにレベルアップさせました。そして、これらの取り組みにより、1年間で顧客数が〝半減〟したにもかかわらずなんと、売上は5倍になりました。

顧客数が半減したと聞くと、悪い結果のように聞こえますよね？ ですが、ヤマトさんのような**「世話焼き系ビジネス」をする場合には、薄利多売はご法度**なのです。お客様を手厚くサポートするには、人数を制限しなくてはなりません。

顧客との距離と価格で分けたビジネスモデル

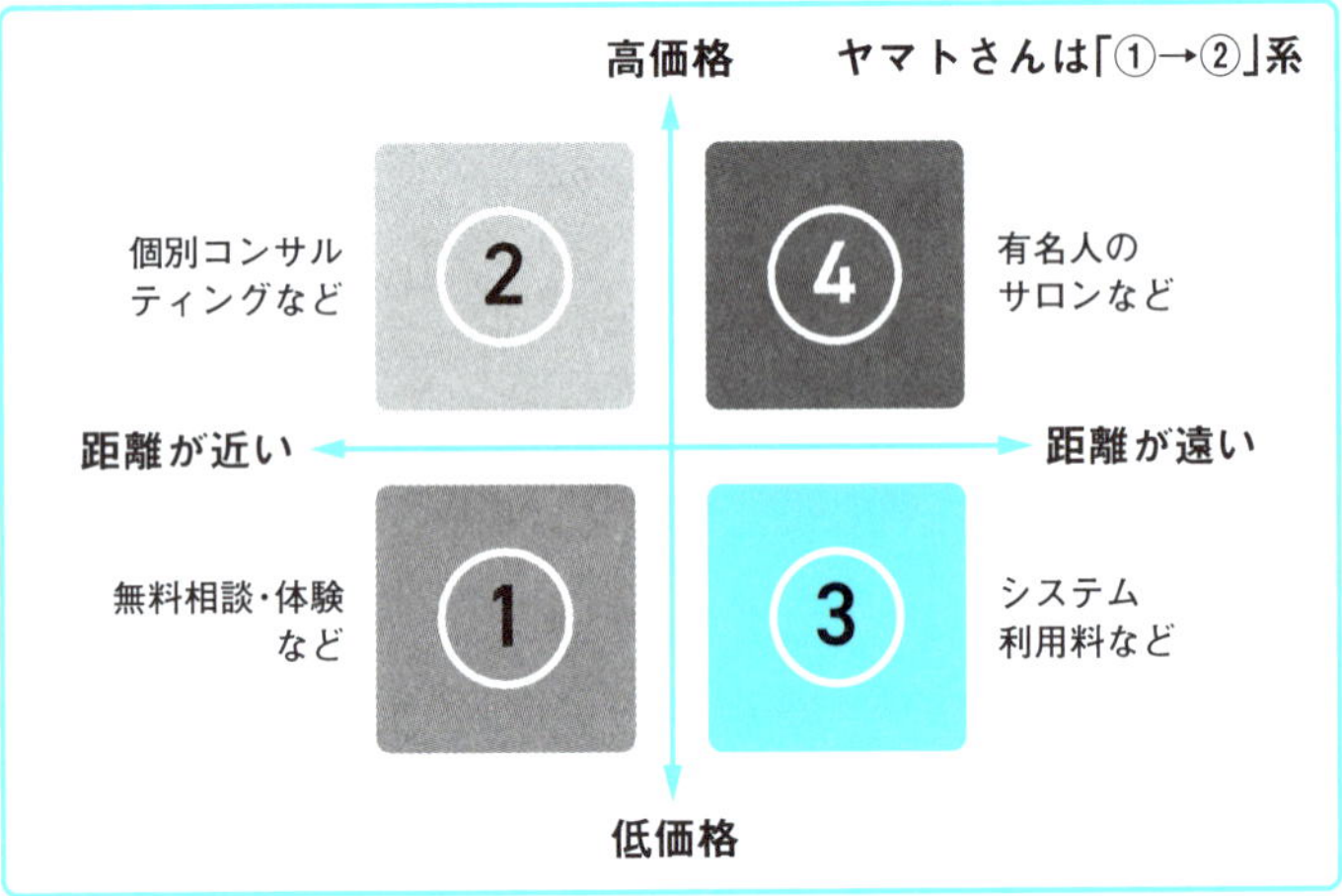

YouTube、LINE公式での発信を通じて、ヤマトさんのサービスを本当に必要としている②の人だけに絞り込まれた結果、人数半減、しかし売上5倍という結果が生まれたのです。彼が具体的にどのような作業をしたのかについては、後の【実務編】で解説します。ここでは、ヤマトさんの思考部分、失敗から学び、継続的な改善を重ねること、市場のニーズに合うまで手数を打って反応を見ること、発信により認知と信頼性を向上させる（内容のみならず、ビジュアルクオリティも大切）、そして、**成功に対する執着心を持つことが大事**であることを知っておいてください。

・公務員面接の突破校　エンノシタ

YouTubeチャンネル
(https://www.youtube.com/@toppa_ennoshita)

マインドフルネス瞑想指導者・森林療法士として大活躍の「森の瞑想家まっすー(枡田智)」さんも、私にこんなコメントを送ってくださいました。「私の場合は『諦める』という選択肢が初めからまったく頭になかったので、どれだけ停滞してもやめなかったのが良かったのかな、と思っています」。**成功する人は、続けている人。これだけは間違いなさそうです**。彼のXを見れば、彼がこれまで積み上げてきた軌跡が一目瞭然です。

・まっすーさんX (https://x.com/masudaakira6)

2 自己評価まで他己評価を引き上げる

✓商品/サービスを「良さそう」にみせる

紹介の依頼も進んでいる、ネット集客の準備も進んでいる、やる気になっていたのに、でも結果が付いてこず、気持ちが落ち込んでしまった……。このステージでよく見られる、「自己評価に他己評価が追い付いてこない状態」です。意味を調べれば、「自己過大評価」、「見栄っ張り」というワードが出てきますが、言いたいことはそうではありません。「うまくいったら起業したい」が、「起業したい」になり、先行投資も受け入れられるようになった。自分のやりたいことだけではなく、お客様が手にしたい変化に意識が向き、発信することに対する抵抗や、つまらないプライドもなくなった。成功したいという気持ちが強く出るようになった。なのに注文が入らない……。売れない……。このギャップを、「自己評価に他己評価が追い付いてこない状態」と表現しています。あなたは成長し、確実に変わったのに、商品／サービスは磨かれ、良いものになっているはずなのに、あなたを見る周りの目は変わらない。そんな時は、どうすれば良いのでしょうか？

今の状態は、ダイエットで言えば、2キロ痩せたくらいの段階と言えます。自分は鏡を見て痩せたと感じるけれど、周りは気付かない。皆に指摘されるほどは痩せていない。そんな状態です。これが4キロとなると、「あれ？　痩せた？」と言われるようになります。そうなれば嬉しくて、さらにモチベーション高くダイエットに励めるようになります。ダイエットの場合には、油断してリバウンドしてしまう人もいるでしょうが、起業の場合には、ここで満足して動きを止めてしまう人は、まずいないでしょう。何せ、お金がどんどん入ってくるようになり、もっとたくさんの人に感謝を伝えていただけるようになるのですから。

ここでやらなくてはいけないのは、「商品／サービスをより良くする、自分がスキルアップすること」ではなく、「商品／サービス、自分をより良さそうにみせること」になります。本当は良いのに、良いと思われていないのですから、まず最初に、「良さそうだな」と思ってもらうための仕掛けを作ることから始めなければなりません。いわゆる〝ブランディング〟と呼ばれる活動で、飲食店なら、お店の雰囲気、看板、店員さんの笑顔、レビューなどが、ネットショップなら商品のイメージ／説明写真、説明文、レビュー、サポートや保証内容の明示、セミナー講師なら、受講者の声、プロフィール、活動実績、ポートレート写真などがそれに当たります。「良さそう→買う→良い→リピート購入」だとすれば、**極めて当たり前のことなのですが、自分のこととなると意外と気付かないもの**で、一生懸命に商品／サービスを磨き続けている人がとても多いのです。

私たち日本人は、この「自分を良くみせる」、「自分を最大限表現する」といった工程を苦手とする人が多いように思います。恥ずかしいのか、自信がないのか、普段やっていないので慣れていないだけなのか、いずれにしても、**言葉と画でわかりやすくした情報を出さない限り、市場には何も伝わらない**、つまり、「自分が思うほどには売れない」状態が続いてしまうことになります。

「わかりやすさ」が価値になる

「かわうそ ビジネス文具屋」店長の高橋さんは、とてもシャイな性格で、人前に出ることが苦手な方です。私と出会った当初は、過去の仕事経験から、ストレッチ教室でもやろうかと考えていたのですが、本書で何度も触れてきた〝適性〟について深掘りしていくうちに、日々、人相手にレッスンをする仕事よりも、部屋で黙々と作業をするほうが向いているという結論に達し、結局は輸入文房具のネットショップ運営をすることに落ち着きました。高橋さんは、ご自身が積極的に人前に出ない代わりに、自社商品の良さ、他にないサービスの特徴を詳細に言語化し、ネットショップサイトにわかりやすく掲載しています。

高橋さんのXを見ると、日々、いかに商品の良さをわかりやすく伝えるか、お客様からの意見をサービスに反映させるか、真剣に取り組んでいる様子が窺えます。そして、常にショップがアップデートされています。単に商品画像とスペック、キーワードを羅列しているだけのショップが多い中、お客様への想いと、商品への愛情を感じる高橋さんのショップは、他の企業運営ショップと同等かそれ以上の発信力があり、連日、たくさんの企業、ビジネスパーソンからの注文が入り続けています。

・かわうそ　ビジネス文具屋

(https://www.kawauso-leather-shop.xyz)

前述の〝公務員面接の突破校　エンノシタ〟のヤマトさんも、コンセプトをビジュアル化するプロに、ロゴマークとバナーを作成してもらったとご紹介しました。洗練されたビジュアル、読みやすい比較表など、彼の作ったコンセプトに忠実に、そして、良さそうに魅せる技術が詰まっています。ぜひ、参考にしてください。

・公務員面接の突破校　エンノシタ

(https://goukaku.site/archives/lp/advanced_support)

教員経験を活かして、英語嫌いな小学生のお子さんを、英語が大好きなお子さんに変えるレッスンを行っている馬場早織さんは、ショート動画とInstagramを使った情報発信を積極的に展開しています。チャンネル登録者数はまだ少ないものの、10秒前後で作られたショート動画を多数公開し、お子さんの英語教育に悩む親御さんたちの注目を集めています。

日ごろの発信から、馬場さんの人柄や英語教育に対する想いが伝わっているためか、体験レッスンには馬場さんに共感してくれる方が集まってきます。そのため、レッスンは極めて穏やかに楽しく進み、お母さんはもちろん、お子さんにも大好評です。

そしてなんと、彼女は本書執筆時の今、0歳児のお母さんでもあります。お子さんを背中におんぶして動画を配信する姿勢は、「忙しいからできない」とつい口にしてしまう私たちに、たくさんのことを教えてくれています。

・【おうちキッズ英語ch】馬場 早織
(https://www.youtube.com/@saori_eigo/shorts)

3 あなたを動かす情報は何か

初心を思い出す

第一章では、あなたの行動を止める原因となりうる〝心の重り〟について、第二章では起業を諦める決定打となってしまう〝地雷〟について考えました。第三章では、あなたのやる気を引き出すスイッチ、何があれば、どんな条件が整えば、気持ちが爆上がりするのかを確認していきます。

このステージにいるあなたの気持ちを奮い立たせるには、「初心を思い出すこと」から始めると効果的です。「もっと稼ぎたい」、「もっと成果を出したい」という思いが強すぎて、お客様と向き合う気持ちを忘れてしまったり、「あの人はもっと上に行っているのに、どうして自分は……」と自信を失ってしまったり、今は思春期の子供たちのように、何かと感情が揺れ動くステージにいるからです。だからこそ、一度スイッチが入り、良い意味で「調子に乗る」とグングン伸びていきます。

・あなたはなぜ、起業を目指したのでしょうか？

・初めて商品／サービスが売れた時、どんな気持ちになりましたか？（あなた自身の感情、居た場所、見ていたもの、周りの人からの祝福などを思い出してみてください）

初売上の瞬間の気持ちを再び充分に味わったら、次に今の自分の気持ちを確認してみましょう。

・何が叶ったら幸せを感じられますか？
・どんな人の役に立てたら幸せですか？
・お客様に貢献できた時に、言われて嬉しい言葉は何ですか？

ゴールはどこにあるのか

「私は、こんな仕事がしたかったんだ！」そんな風に言える起業って、幸せだと思いませんか？　そんな気持ちになれる時とは、どんな時なのでしょうか？　私は起業18フォーラムのメンバーさんに、「毎日楽しい！」とか、「家族の笑顔が増えました！」などと言われると、その日の夜のお酒が最高に美味しいです。メンバーさんの意識の変化や気付きに触れられた瞬間は、何ものにも代えがたい大切な体験になっています。

ネガティブな感情、たとえば、本業が辛い、先行きが不安、などのことは、起業準備活動を始める当初は、何より強い動機になりえます。ですが、長く続けていくためには、やはり、これをやったらこんなに気持ちよくなれる、何だか心がゾクゾク、ワクワクするといったエネルギーを感じる動機に触れることも、とても大切になります。以下についても確認してみましょう。

・今に満足していますか？（現状把握）
・満足しているもの
・満足していないもの

・どうなったら満足できますか？（自分の望みの再確認）
・状態
・気分

個人の自由ですので否定するつもりはまったくありませんが、このステージ前後では、いわゆる、起業家マインド育成系の〝キラキラ自己啓発〟にハマってしまう人も少なくありません。ですが、キラキラ系は、超高額な費用がかかることも多く、起業家は実業があってナンボですから、大金を投じる前に、しっかり検討するようにしてくださいね。

実務編

小遣い稼ぎから抜け出す突破口

4 売上を伸ばす3つのスイッチ

まず、もし今のあなたの売上が、5～10万円／月の間で止まっている場合には、以下について再確認してください。

✓商品力の確認――お客様の変化が明確になっているか？

「その商品／サービスを買ったお客様の変化」を明確にできているかを確認してください。**お客様は、ドリルを買うのではなく、ドリルによって開く穴を買い、その穴がもたらす利益に対して価値を感じる**のです。痩せるトレーニングを買うのではなく、痩せることを買い、その痩せた自分にもたらされる利益（健康／活力／美しさ／モテるなど）に価値を感じるのです。今一度、あなたの商品／サービスが、どのような変化を売っているのか、その変化を得た結果、お客様がどのような利益を得られるのかを明確にイメージしましょう。その利益の価値（強度）によって、売れ行きも価格も決まってきます。

「逆転営業アカデミー」の木村さんは、オンライン営業で売上を伸ばしたい事業主に向けたコンサルティングを提供しています。木村さんのサービスは、「成約率を上げるためのオンライン商談スキルを伝授し、現場で使えるように身につけてもらうトレーニング」であり、お客様は、セミナーやコンサルティングの受講権を買ってくれるわけですが、そのお客様たちは、別にコンサルティングを買いたいのではなく、また、営業スキルそのものに価値を感じているわけでもありません。お客様が価値を感じているのは、「スキルを身につけた後の自分」であり、売上が上がる、経営が安定して気持ちが楽になるなどの、自分にもたらされる利益なのです。

木村さんの開催する〝自己紹介セミナー〟も人気コンテンツになっているのですが、こちらも先ほどの話と同様、自己紹介が上手になることで、営業先はもちろん、見込み客へ与える印象のアップ、クレーム対応力の向上、自社への低評価の回避など、**セミナー受講後に変化する自分にもたらされる利益に価値を感じるからこそ、たくさんの人が参加してくれる**のです。

・逆転営業アカデミー（https://gyakuten-eigyou.com）

物販をやっている場合には、単純に取り扱いアイテム数を増やす、仕入れ額を増やす、販売ルートを増やすことで、売上を伸ばせるステージでもあります。日本政策金融公庫からの資金調達も視野に入れて、思い切ってアクセルを踏む覚悟があるか、あなた自身と、そして、ご家族と対話してみましょう。

✓発信力の確認――誰に向けた、何のための発信なのかが明確になっているか？

お客様の変化、そして、その後に得られる自分の価値を明確にできたら、それを多くの人に伝えなければなりません。前述の馬場さんの例のように、しっかりと、誰に向けた、何のための発信なのかの**〝軸〟がぶれなければ、自分に合うお客様がどんどん引き寄せられてきます**。

貨物列車に特化したYouTubeチャンネルという、何ともニッチな動画とライブを配信している小林さんも、この、誰に向けた、何のための発信なのかという軸を常に意識したチャンネル運営をされています。小林さんは発信時に常に、最近、貨物列車にハマりつつあるお友達のHさんに情報を届けるつもりで内容を考え、構成や発信内容、言葉を選んでいます。できるだけ易しい用語を使い、鉄道オタクガチ勢とちょっと違う、温和なHさんが、「ここは居心地がいいサロンだな」と感じてくれるための在り方を常に意識しているのです。結果、女性や定年後の元鉄道員の方などの参加も増え、小林さんのチャンネルは、Hさんのような人が多く集まる空間に育っているのです。

・貨物ジャーナル（https://www.youtube.com/@cargojournal）

「1日5分のスキマ時間で学べる」というコンセプトの動画Excel塾を立ち上げた石原さんは、ブログ、YouTube、Udemyを使ったネットマーケティングを展開しています。石原さんも、ブログ、ブログの立ち上げ当初は、記事をアップしても検索エンジンに認識すらされない状態が続き、心が折れそうになっていました。これは誰もが通る道で、**ここを超えて継続できるかどうかが、ネットマーケティングの最初の試金石**になります。

石原さんは諦めませんでした。半年以上にわたり記事の投稿を続け、YouTube動画を埋め込んだ解説記事を書くなど、コンテンツの質の向上に努めました。また、SEOの基礎である内部リンク（読者を関連記事に誘導するリンク）を充実させるなど、自分に可能な施策もきっちりと入れ込むことで、次第に、いくつかの記事が検索エンジンの上位に表示されるようになったのです。

石原さんは、さらにアクセスを増やすべく、一つ一つの記事について、誰に向けた、何のための発信なのか〝検索意図〟を想定し、どうすればわかりやすい記事になるのかを丁寧に考えました。今は明確に、「Excelスキルを上げて仕事を効率化したいが、いちいち調べながらExcelを操作しているため、時間がかかっている人」に向けた発信に特化し、大きく閲覧数を伸ばすことに成功されています。ブログ読者さんに、ＬＩＮＥ登録、動画講座、セミナーなどをご案内することが、石原さんの集客導線です。

・瞬習エクセルアカデミー（https://pc-nothing.com）

キャンピングカー旅系YouTuberのまっちゃんさんは、毎週金曜日の夜にYouTubeライブを配信されています。日本酒を飲みながらコメント返しをしていく配信ですが、全国から集まる中高年視聴者の皆さままで大人気になっています。

まっちゃんさんは、見た目こそ金髪ですが、私と同い年の普通のおじさんです。普通のおじさんが、日本酒を飲んでベロベロになりながらトークしているだけの配信なのですが、これがすごい人気なのです。金曜日22時にライブ配信が始まると、この時を待ち焦がれているファンが続々と視聴を開始。2時間以上にわたって、一瞬もコメントが途絶えることはありません。

何だか、夢がありませんか？　50歳を超えたおじさんだって、自分が楽しみながら、**笑って人を癒やし、居場所を作ってあげることができれば、これだけのファンコミュニティを作ることができる**のです。まっちゃんさんは、全国を旅しながら視聴者さんと会い、さらにネットワークを広げ続けています。

・ゴーゴー！まっちゃん！（https://www.youtube.com/@gogomacchan）

ここまでご紹介してきましたように、**誰に向けた、何のための発信なのかをしっかりと定めることで、景色を変えることができる**ことがおわかりいただけたと思います。次に、「さらに成功の確度を高めるためには、どの媒体に情報を載せればいいのか？」についても解説したいと思います。

情報発信のために、どの媒体を使うのかによって、成果は大きく変わってきます。たとえば、書籍を読む人は、本書執筆時点では、50歳前後を中心に、年齢が上下ともに離れるほど少なくなると言われています。20代の若い人も電子書籍は読みますが、その多くはマンガです。彼らに情報を届けたいのに、新聞に広告を出しても効果は薄いでしょう。**ターゲットが常にアクセスしている情報源に自分の情報を置く**。そう言われれば、そりゃそうだと思うはずですが、なぜか自分のこととなると、「インスタに投稿すればいいんですか？」、「〇〇（スキルシェアサイト名）に掲載したのですが、反応がありません……」といった類のご相談が途切れたことがありません。内容と媒体、この2つのチューニングをもう一度確認してみましょう。

ちなみに、SNSの年代別利用数・利用率などは、ネット上に公開されていますので、最新の情報を検索してチェックしてみましょう。また、少額のお金ならリサーチに投資できるという方は、以下のようなサービスを利用すると、より正確なデータが得られますので、選択の参考になるでしょう。

・Lactivator『セミナー・講座』に関するシンジケート調査
(https://lactivator.hp.peraichi.com/syndicated_survey)

今は、簡単なインターネット調査であれば、数万円程度で実施できます。あれこれ試行錯誤する手間が面倒、時間がないならば、プロのリサーチャーに相談した上で調査をしてみるのが手っ取り早いです。

・KJリサーチ（https://kjresearch.net）

✓信用力の確認――お客様の実績、権威からの紹介、顧客をリスクから保護する仕組みを示しているか？

本章でご紹介したヤマトさんのように、スキルシェアサイトを脱却し、自分の名前でサービスを売ることを目指す人は多いです。経営的にもブランドの確立には大きなメリットがあります。ブランドの構築には、主に次の3つが考えられます。どれも一朝一夕にできることではありませんので、長期的な視点で取り組んでいきましょう。

・自分（自社）ブランドの確立
・商品／サービスブランドの確立

・プラットフォームブランドの確立

ブランド構築で大切なのは、**「一流ブランドを構築する必要はない」ということです。**「偶然どこかで見かけたことがある」、「名前を聞いたことがある」程度で十分です。それだけのことでも、**「一回試してみようかな」と考える人が増える**ため、ビジネスを有利に展開できます。そのためにも、以下について確認してみましょう。

・ブランド名を付けたか？
・ブランドカラーを決めたか？
・ロゴマークを作ったか？
・ブランドコンセプト（お客様からどう見られたいか？）を定義したか？
・SNSや動画からの発信で、ブランド名を統一しているか？

〝ブランドコンセプト〟という言葉は難しそうに感じますが、**「ターゲットとするお客様からどう見られたいか？」をシンプルに考えてみてください。**私が立ち上げた「起業18フォーラム」も、「へー、こんなところがあるんだ」と思ってもらえたら十分と考えています。現実では、人々に「キギョウワンエイト」という名前を完全に覚えてもらうのは難しいですが、「あの緑のロゴを見たことがある」、「起業なんとかっていうやつだ」と、何度か接点を持つことで思い出してもらえるようになれば、それで十分なのです。

ただし、**プラットフォーマーとしてのブランド構築は、スモールビジネスには非常に困難な道**です。たとえば、Amazon、楽天、メルカリは、ショッピングモールブランドとして圧倒的な知名度を誇り、私たちには対抗しようがありません。乗っかるのみです。スキルシェアの分野でも、毎年多くのサイトやアプリが登場しますが、数年で閉鎖されるケースが多く見られます。累積損失の解消どころか単年度黒字化さえ達成できないサービスも多いでしょう。**プラットフォームへの参入には、システム開発や広告費が膨大にかかり、ハードルが高いのです**。

ですので、前述のヤマトさんのように、自分ブランド／自社サービスブランドを確立しつつ、自社サイトやショップなどから販売するのがおすすめです。物品販売以外であれば、現実的ですし、再現性もあります。2024年2月に行われた前述のシンジケート調査では、次のような結果を得ています。

セミナー・講座の認知源（媒体）

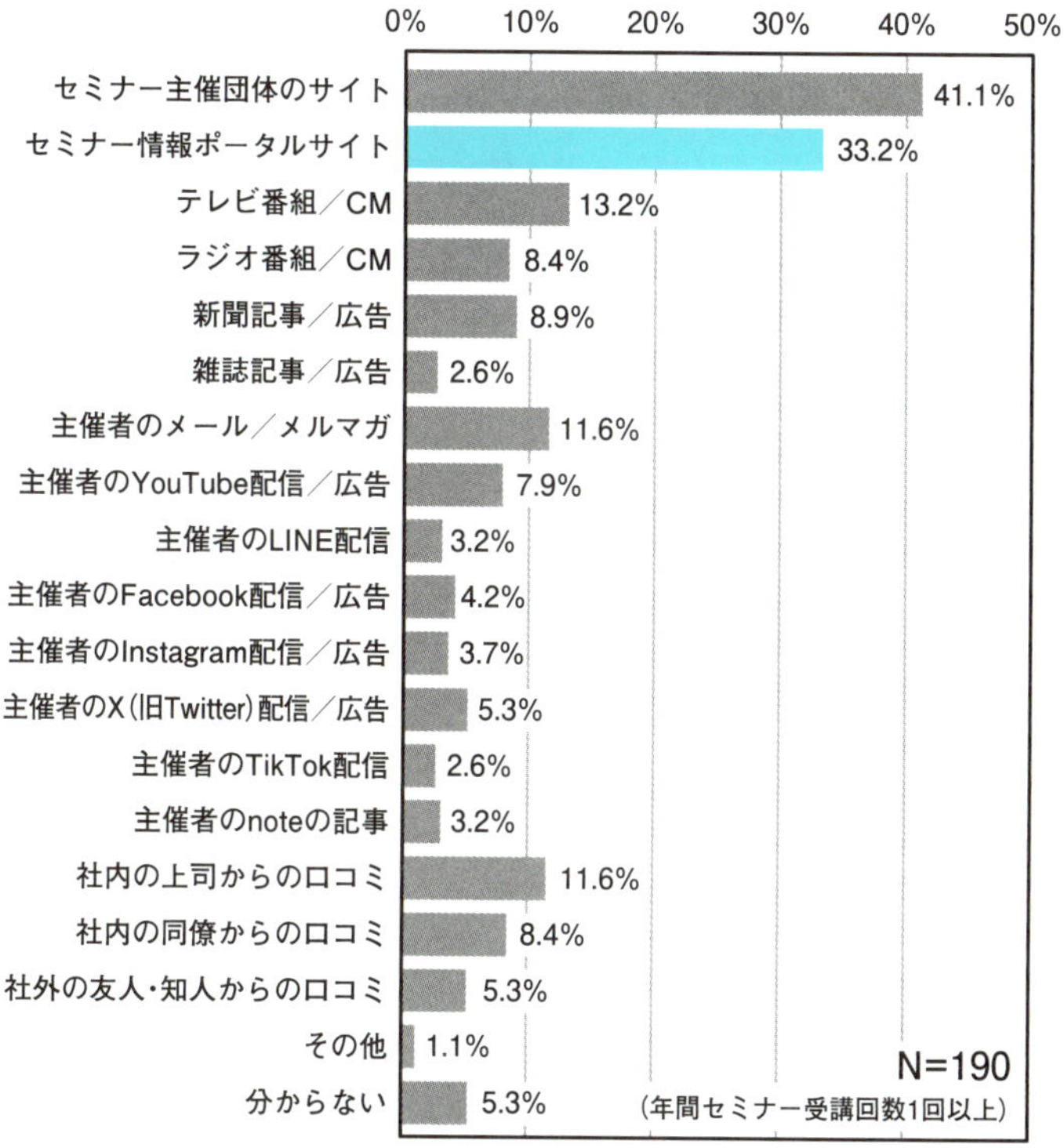

調査企画：Lactivator
調査媒体：（株）クロス・マーケティング「QiQUMO」

データによれば、セミナーを認知する媒体で最も多いのが、主催団体のサイト、次いでセミナー情報ポータルサイトとなっています。セミナーは物品と異なり別のサイトで同じものが売られているかどうか確認することも少なく、価格差もほとんどありません。そのため、セミナーを探している人が直接主催者のサイトにたどり着き、そのまま申し込むケースが多いのです。こうした購買行動の違いから、物品販売以外のビジネスでは、プラットフォームに頼るだけでなく、自社サイトを活用することにも十分な可能性があるのです。**自社サイトから購入してもらえるようになれば、無用な価格競争からも逃れることができます**。価格コンシャスな人が来なくなれば、ビジネス上も精神衛生上も良いことばかりです。

自社サイトからサービスを売るためには、決済システムを用意する必要がありますが、BASEのようなショッピングカートシステムを使えば、ITが得意でなくても対応できます。たとえば、私はセミナー動画も販売していますが、以下のような仕組みを作っているだけです。

自社サイト内の動画解説ページ閲覧↓購入ボタンをクリック↓ネットショップに飛ぶ↓購入ボタンをクリック↓お支払い↓動画視聴URLとパスワードが書かれたPDFをダウンロード↓URLにアクセスして視聴

最初のうちは、Jimdoなどの無料ホームページ作成サービスとカートシステムを組み合わせることで、手軽に始めることができます。確かに、外部サービスの利用には手数料がかかりますが、システムを自社で開発してメンテナンスする手間やリスクを考えれば、そのほうが現実的です。手数料は売れた分だけ払えば良いのですから、ここはコスパを重視しましょう。

・参考・起業18フォーラムサイト内の動画解説ページ
(https://kigyo18.net/dougaseminar)

さらに信用力をアップするため、自社サイトに自分の経歴、受賞歴、お客様の実績(ビフォーアフター)、権威ある人や企業からの推薦や利用実績を掲載することが有効です。

加えて、**お客様のリスクを軽減する仕組みの明示も大切**です。たとえば、満足保証、返金制度、振替制度、キャンセル無料など、自分が最大限甘受できるレベルの仕組みを、初めて利用するお客様に向けて提供します。起業18フォーラムのあるメンバーさんは、「開始20分以内ならキャンセルを受け付けます」と掲げていますが、このような表記があると、お客様はより安心して購入に踏み切れるでしょう。

ちなみに、私の経験で、過去に1日6時間×2日間の講座を開催した際、「ご満足いただけなければ返金します」と伝えて、12時間の全講義を終えた直後に、「全部知っていることでしたので返金してください」と言われてびっくりしたことがありました。

ですが、こんな出来事は、25年を超える経験の中でたった一度だけで、講座中に、「この人、たぶん競合他社さんだろうな……」と薄々感じていた人でした。ほとんど起こらない事態を恐れすぎても仕方ありません。お客様が安心して利用できる仕組みを整えることが重要です。

5　2年後を見据えた投資の原則

✓ビジネスを成長させるための3つの投資

今の「起業ＳＴＡＧＥ Ⅲ　売上５〜10万円」では、小さな起業をしている人ならば、月に数万円の利益が残せている状態です。ここで、「やったぁ！　旅行に行きたい！」などと考えていては、ただの副業のお小遣い稼ぎから抜け出せません。**起業するなら、そのお金は、「ビジネスを成長させるための再投資資金」と考えましょう。**「２年後のために、今、どこに、何に投資するべきか？」それこそ、起業家となるあなたが考えることなのです。投資は、以下の３つの切り口で考えます。

・意識の投資→「うまくいくならやる」からの卒業
・時間の投資→自分の人生にとって大事なことを優先する
・お金の投資→目先の快楽／痛みより、２年後の未来のために使う

起業に向けて進みだすと、意識が向いた情報だけが入ってくるようになり、エネルギーや情熱を注いだことだけが実現していきます。行動を変えれば意識は後からついてきますが、日々同じような日常を繰り返している私たちには、中々それができないものです。

どんな理由でも、どんなやり方でも構いません。**本当のやる気に出会うことさえできれば、起業準備は新たな局面に入ります。**「こうあらねば」などと考える必要はありません。

あなたが幸せを感じる状態、起爆剤になるものなら、どんなことでも構いません。家族の笑顔でも、豪遊する日々でも、憧れられて一目置かれる自分自身でも、何でも構いません。「起業すれば、こうやっていけば実現できるんだ！」と、**強い想いと現実が一本の道でつながった時、私たちの内なるやる気は爆発します**。その瞬間のあなたの力を、どうか味わっていただきたいのです。自分の想像を超える勇気と勢い、身体が震えるような可能性を感じるはず。そして、自発的衝動から行動が始まり、環境が整い始め、想いが実現し始めます。「くだらない精神論言うな。宗教か」。そう言いたい人もいらっしゃるでしょう。

ですが、**批判したい人には残念なことですが、これは本当のことなのです**。実際に起業家になる、なった人なら、当然のように理解できるはずです。

あなたも、せっかくここまできたのですから、もう一段上の世界を目指したくありませんか？　**意識が変わり、本当のやる気に出会えたなら、あなたは、時間とお金の投資を自然に始めるようになります**。ただ、勢いで成果の出しにくいところに時間を掛けたり、散財してしまってはもったいないので、ここでも、いくつかの成功事例と失敗事例を見ていきましょう。

投資にも慣れが必要

まず、失敗事例として、私自身のやってしまった話をご紹介させていただきます。少し長くなりますが、お付き合いください。

私がこのステージにいた頃は、今のように起業環境が整っておらず、何をするにも時間とお金がかかる時代でした。たとえば、ホームページを作るにも、HTML、CGIと呼ばれる言語をメモ帳にベタ打ちして作らなければならなかったり、画像一枚使うにも、デジカメを買い、ケーブルをつないでパソコンにノロノロと転送したり、本屋さんでフリー素材のCD－ROMを買ってきたりしていました。今では考えられないくらい、すべてが非効率的だったのです。今は、たとえば、本書で進め方のアウトライン&チェックポイントを知り、実際にやっている人を観察して、無料ツールを使いながら真似ていき、細かい作業はネットで検索する（断片的な情報でOK）、そしてまた本書で全体像をチェックする。そんなことを繰り返すだけで、誰でも十分にここまではたどりつけますから、便利な時代になったものです。

ちなみに、「真似をすることができない」と言いたい人もいらっしゃるかもしれませんが、小さな起業で手掛ける**最初のビジネスは、真似できそうな経験のあることを選ぶ、ちょっと調べれば理解できることを選ぶ、未経験でまったくわからないことはやらないの**

が原則でしたよね。忘れてしまっていた方は、ぜひ、本書を何度も読み返してみてください。

ごめんなさい、話がそれてしまいました。**私がやってしまった失敗こそ、この、自分にとって未経験のことに手を出してしまったこと**だったのです。当時、ホームページ制作、そこから派生したネットマーケティング（SEO）のコンサルティングなどを行っていましたが、基本通りに進めて上のステージに行くことをせず、飲食店の開業に興味を持ってしまったり、合コンイベント事業を始めようとしたり、**意識があちこちに向いてしまった結果、時間とお金が溶けていき、何も実現できずに終わってしまいました**。その後も、「3万円だけで簡単丸投げで集客できる」という広告に釣られて申し込んだサービスが、規約を深く読み込むと、1日3万円で、しかもキャンセルさせてもらえないという事故にあったりもしました。「規約に同意」のチェックを読まずにしてしまう人は要注意です。

また、「ちょっと考えたらわかるだろ」ということにも何度も騙されました。「加盟すれば簡単丸投げで新規事業ができる」。またもそんな謳い文句に誘われ、時間的には2年程度、お金も150万円くらいで済みましたが、大きな損を出してしまいました。私はどうやらこの〝簡単丸投げ〟という言葉に弱いようです……。さすがにもう繰り返さないと思いますが、皆さまも、この手のうまい話には十分にご注意くださいね。

このステージで投資すると良い時間とお金については、成功している人のやっているこ とを参考にしていきましょう。本章で紹介した皆さまが投資してきたこと、注意してきた点は、以下のようになります。

時間投資は〝20%ルール〟を意識

このステージでの時間投資は、ただ目の前の仕事や作業を繰り返すのではなく、**アーカイブや権利が残る仕事や作業に多くの時間を割くことを意識してください**。たとえば、カウンセリングをしているならば、単にクライアント相手にセッションを繰り返すのではなく、セミナー動画や録音ファイルを販売したり、資料を無料プレゼントする代わりにLINE登録を促したり、**いつも自分が動かなくてはならない働き方から脱却していきます**。イラストを描くのなら、描いて納品して終わるのではなく、NFT化したり、グッズにできる素材データとしてライセンスを販売したり、自分が寝ている間もお金になるストックを意識していくのです。商品のみならず情報発信についても同様、SNSやショート動画

20%ルールを意識して動く

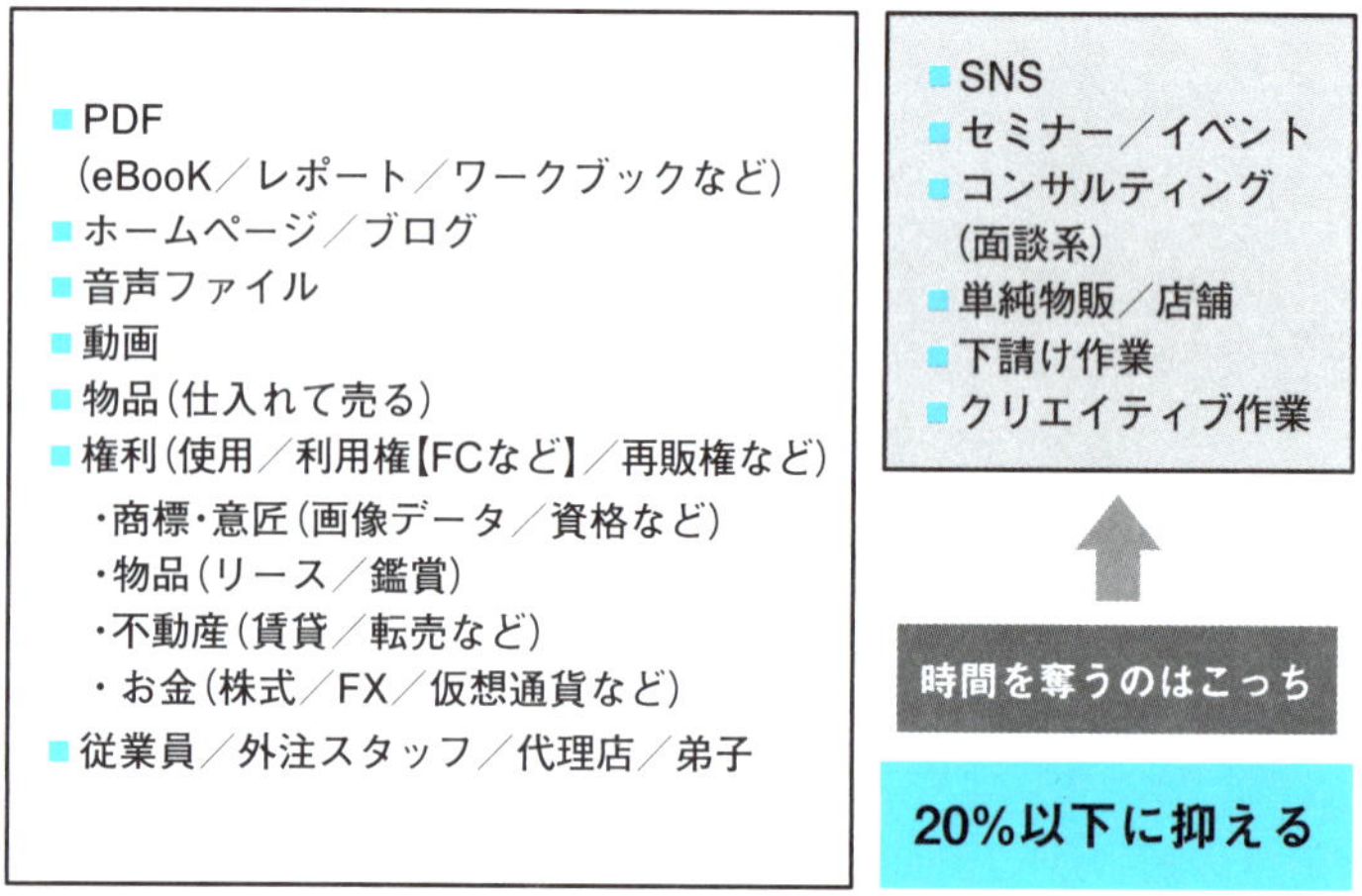

は数日もすれば埋もれてしまいますが、YouTubeやブログであれば検索されるので、もう少し長い期間効果が保てます。

アーカイブや権利が残る仕事や作業は、1年も積み上げたら大きなエンジン（お金を生む資産）に育ちます。決まった時間にやらなければならない仕事とも違うので、空いた時間に進めることもできます。時間投資先として優先する価値は十分にあります。

私はこれを、「20%ルール」と呼んでいます。**あなたが動く仕事を20%以下に抑えるために80%の時間を使う**という意味です。これを実現できれば、会社員のままでも十分に、事業を拡大していくことが可能になります。

✓お金の投資は「時短・付加価値向上・ブランディング」を意識

このステージのお金の投資は、さらに商品／サービスの付加価値を高めるための設備投資はもちろんですが、**集客導線を整える、ブランディングのための投資も積極的に検討してみましょう**。

たとえば、本章でご紹介した「かわうそ店長」は、商品価値を高めるための〝名入れサービス〟を展開するため、レーザー刻印の機械を調達しました。ヤマトさんも、ブランディングのために見た目を整えるという仕事を、プロのスキルを借りることでクリアしました。自分の時間を使ってレベルの低いものをアウトプットしてしまうくらいなら、さっさとプロの力を借りて、自分は得意なところに集中する。このステージでは数万円とは言え予算があるはずですから、そこは躊躇なく決断しましょう。

また、作業を効率化できるツールやシステムも、必要ならば契約してしまいましょう。たとえば、Zoom、Chatwork、Slackなどのコミュニケーションツールや、YouTube Premium、Amazon Primeなどの**時短につながるサービスは、有料版にすることで得られるメリットは大きい**です。

6 STAGE Ⅲ　実務のチェックリスト

- ☑ お客様の変化（ビフォーアフター）が明確になっているか？
- ☑ その変化を得た結果、お客様がどのような利益（価値）を得られるのかを明確にできているか？
- ☑ 物販の場合：取り扱いアイテム数を増やしたか？
- ☑ 物販の場合：仕入れ額を増やしたか？
- ☑ 物販の場合：販売ルートを増やしたか？
- ☑ 物販の場合：融資（借り入れ）の検討をしたか？
- ☑ 物販の場合：自分、家族は、融資を受け入れているか？
- ☑ 誰に向けた、何のための発信なのかが明確になっているか？
- ☑ どの媒体に情報を載せれば良いのか見つけられたか？
- ☑ インターネット調査の利用を検討したか？
- ☑ ブランド名を付けたか？
- ☑ ブランドカラーを決めたか？

- ☑ ロゴマークを作ったか？
- ☑ ブランドイメージ（ターゲットとするお客様からどう見られたいか？）を定義したか？
- ☑ ＳＮＳや動画からの発信で、ブランド名を統一しているか？
- ☑ 物売り以外の場合、自社サイトからも販売できる仕組みを整えたか？
- ☑ 自社サイトを常にアップデートしているか？
- ☑ お客様のリスクを減らす仕組みを作ったか？
- ☑ ２年後のために、今、何に投資するべきかを決めたか？
- ☑ 拡大のために、自分にとって未経験のことに手を出していないか？
- ☑ うまい話を信じてしまっていないか？
- ☑ 20％ルールを意識しているか？
- ☑ 人の時間とスキルを買って効果的に進められているか？
- ☑ 商品価値を高めるために必要な設備を調達したか？

第4章

起業STAGE Ⅳ

売上10〜30万円は「自然体でいく」

思考編

一流のカッコイイ経営者になるなんて諦めよう

1 安定的に月10万円を超えない場合の考え方

ビジネスはやっぱり1勝9敗

安定的に月10万円の売上が出ない場合、もう一度このことを頭に入れておいてください。

起業は、頑張れば〝必ず〟うまくいくというようなものではありません。秀逸なアイデア、優れた人材が揃ったとしても、タイミングや場所、強すぎるライバル、人材不足などの様々な要因で、**思うように行かないなんてことはザラにあります。**資金や信用、人材という観点から、ゼロからの起業よりはるかに簡単な社内事業の立ち上げでさえ、現実では、実際に立ち上がるのは大体半分、単年黒字化2割、累損解消1割といったところでしょう。

ところがその1割（1勝）が、とてつもなく大きいのです。あなたは、すでに月10万円前後の売上が出せるようになり、月30万円をうかがうステージに来ています。どうか自信を持ってください。その事業は成長期に入る直前ですから、後は、あなたが経営者として、この先どうしたいのかだけなのです。

✓脱・薄利多売、脱・労働集約

上を目指すのでしたら、**粗利が20％以下になるような薄利多売は止めましょう**。物を売る場合には特に、薄利であってもよく回転する商品が欲しくなるものですが、戦略的な〝集客商品〟ならばまだしも、自信のなさから価格を下げることは避けなければなりません。サービスを売る場合にはなおさら、これから外注費、人件費の高騰が予測される中、**値下げ競争をするような愚行を犯してはなりません**。コストを掛けず小さく起業している場合には、多少の利益（率）の低下は大した問題になりませんが、値段を下げていくと〝価格コンシャス〟な人が集まってしまい、あなたの貴重なエネルギーを奪われてしまうことになります。むしろこちらのほうが大きな問題なのです（※時代の流れが変わって、再びデフレ傾向、安値競争時代になった場合には、柔軟に変化＆対応していきましょう）。

また、**今以上の労働集約型サービスの投入も止めておきましょう**。時間を取られ既存サービスのクオリティ低下を招くと、せっかくここまできた売上のベースを失うことになります。人手のかかることは大企業に任せ、外注化や仲間との協業（採用ではない業務委託やコラボ）を進めましょう。

差別化は小さな違いの掛け合わせ

このステージで新しい商品／サービスを追加投入していく場合には、いわゆる差別化や**オンリーワンなどのよく聞く言葉に振り回されないようにしてください**。私たちのような小規模事業者には、市場開拓も広告宣伝費の負担もしんどいですから、そのあたりは大企業や有名人にお任せして、今ある市場に乗っかり、少しのおこぼれをもらうくらいの感覚でいきましょう。**競合のいないブルーオーシャンや行政と大企業がひしめき合うレッドオーシャンを避け、ほどよい〝パープルオーシャン〟を見つけましょう**。パープルオーシャンとは、同じように小さなビジネスをしている似たような人がいて、そこそこ売れていそうな市場です。

こう言うと、「差別化って大事なのでは？」と思われるかもしれません。はい、確かにそうなのです。もちろん差別化は大切になります。小さな起業をする人こそ、この人だから、柔軟に対応してくれるから、他にない商品だからなどの〝小さな違い〟を掛け合わせていく必要があります。ですが、私たちには、**世の中にないものを広めていく力はありませんから、今ある市場の中で、少し違う存在になることを目指します**。あなた自身のことでも、商品／サービスの提供方法や中身についてでも、**お客様に、「私の知り合いにはいない」、「知っている会社の中にはない」と言われる存在になる**ことです。起業するために資格を取ろうとする人も多いですが、頑張った結果、人と同じ肩書きを得るだけでは意味がありません。**箱に入りに行くのではなく、箱から出ていくのが差別化であり、ブランディング**です。

たとえば、ダイエットサロンなのに、痩せるのはせいぜい2〜3キロにして、あとは服で着痩せさせる（メイン商品はオリジナル着痩せ服）などと言えば、「知っているところにはない」と言われるかもしれません。リーダー研修で、「優秀なリーダーになりたければ、眉毛を整えろ」なんて言ったりすれば、「この先生って面白いこと言うな。私の周りにはいないわ」と思われるかもしれません。前出のエクセル塾で言えば、市場はすでに存在していて、たくさんの競合他社がいます。その中で、総合的知識をスマホ動画で学びつつ、自社業務での応用をピンポイントで相談できるなど、**大手にはできない要素を組み込みます**。大人数相手にはできない、他にそこを指摘している人がいない、あるいは、やり方やアプローチが全然違うなどの目新しさがあり、根拠を示し、「なるほど！」という納得感を得られれば、立派な差別化です。

もちろん、根拠のないテキトーを言ってもダメなのですが、**新しい非常識や、思い込みをひっくり返す存在は、人の印象に強く残ります**。それこそが差別化です。考えてみれば、日本人なのにＭＬＢでホームラン王なんて、凄まじい存在ですよね。多くの人はプロ野球選手の顔も名前も知らなかったりしますが、大谷翔平選手を知らない人は少数派でしょう。


一点大事なこととして、**差別化を考える際には、お客様が求める方向に行くこと**を覚えておいてください。たとえば、私がゴリマッチョだったとしても、起業18フォーラムのメンバーさんが、「新井さんがムキムキで嬉しい」と言ってくれるとは思いません。「ムキムキ先生の起業サロン」などと、メディアがイロモノとして扱ってくれる可能性もゼロではありませんが、ちょっと違いますよね（笑）。

お客様が求めるあなたらしさ。針に糸を通すような話ですが、考え続けましょう。

このステージで追加する新しい商品／サービスは、以下のポイントを確認しておいてください。

・すでに市場があり、似たような規模の競合がいるもの
・既存客についでで売れる、営業や集客が楽なもの（利益率が高くなる）
・（なるべく）在庫を持たないで済むもの
・（なるべく）売掛金が少ないもの（前払いが理想）
・（なるべく）移動時間が少ないもの
・（なるべく）売った後のフォローが簡単なもの

2 〝闘争力〟より〝逃走力〟で「いいとこ取り」

✓逃げるときにはアイデアが出る

売上が月10万円を超えて安定してくると、人により思考が大きく2パターンに分かれていきます。一つは、「よし、次は30万円。年内には100万円だ！」と考える〝成長志向〟パターン。もう一つは、「まぁ、この辺でいいか。本業も忙しいし」という〝安定志向〟パターン。たまに、燃え尽き症候群になってしまう人もいますが、大体この2パターンで

す。どちらが正しいという訳ではなく、起業家らしさなども関係なく、**「あなたがどうしたいのか?」だけの話です**。一応、私のおすすめをお伝えしておきますと、私は〝安定志向〟でしたし、「そのほうが無理なく続けられるのではないか?」と考えています。「上を目指せ!」と言うのがよくいる経営者だろうと思いますが、私自身が違いますし、そんなことは言えません。あくまでも、**「あなたに合うやり方で、その素晴らしい活動を長く続けてほしい」**。そう思うのです。

ただ、どちらのパターンに行ったとしても、**事業の継続のためには、限りある時間との闘いを避けて通ることはできません**。20%ルールを意識しているとしても、そこまで細マッチョになりきれないのも現実。ですが、起業を志した時や生涯現役を考えた時、「会社を辞めて豊かに生きたい」と思う人はいても、「無休で朝から晩まで働き続けたい」と思う人はいないでしょう。ここでもう一度、自分の在りたい姿を思い出して、やることを再確認し、言葉にして宣言しておきましょう。

「未来の時間を使わないために、今、時間を作って努力する!」

そう言われると、「その今が忙しいんだよ」、「子育てがもう少し落ち着いたら」などと言いたくなる方もいらっしゃるでしょう。そんな方は、起業活動をスパッとやめてしまいましょう。元通りの生活に戻して、日々の義務に集中してください。それがあなたの選択なのでしたら、それでいいではありませんか。ですが、もし、その道を選んだら心に穴が開いてしまいそう、後悔しそうと思うのなら、ここでぜひ、あなたの脳に指令を与えてあげてください。「後悔したくない。だったら、どうするんだ?」、「何をどう変えれば、種火を消さずに継続できるんだ?」**あなたが適切な質問を投げることができれば、あなたの脳は全力で答えを探してくれるはず**。ビジネスは一度投げ出してしまったら、ほぼ回復させることはできません。なぜって、自分に対する自信を失い、そして、人様のお金を預かる身としての〝信用〟を失ってしまうからです。

また、「時間を使わない」というワードに反応して、「自分は現場で働いていたいんだよ」とおっしゃる方もいます。確かに、生涯現役で生き生きと活動を続けることは素晴らしいことだと思います。ですが、考えてみてください。現場にいるとしても、好きな時にだけいるのと、いつもいなくてはいけないのとでは、雲泥の差があると思いませんか? **自分がやりたいことは、全部を人に渡さず一部だけ残しておき、やりたい時にやればいい**のです。私も、本を書いたり、初対面の方向けにセミナーをしたり、起業18フォーラムメンバーさんとあれこれ一緒に考えたりする仕事は、最後まで自分でやりたいと思っています。理由は、やりたいから、好きだから、それだけです。

困難に立ち向かう、逆風に向かって進む、いつ終わるかもわからない辛いことを我慢する。そんなことは、短期間ならできるかもしれませんが、長くは続けられません。**毎日忙しい現実に対しては、戦ったり、立ち向かったりするのではなく、さっさと逃げ出してください**。「面倒なこと、嫌なことから逃げるために、今、何をするのか?」を全力で考えましょう。**逃げるために使う頭からは、驚くほどたくさんのアイデアが出てきます**し、身体からは実行力が溢れてくるものです。昔、学校や塾をさぼったりしませんでしたか? あの能力をまた使うのです。誰かに仕事を投げることはできないか? やらないで済む方法はないか? 省いても特に問題のない作業なのでは? 目指すは、ワンランク上の怠け者です。理想の怠け者を目指して、今、ちょっとだけ頑張ってみませんか?

ライバルよりも顧客と向き合う

また、**この時期気になり始めるのが、競合、ライバルの存在**。強すぎるライバルを見つけてしまうと、羨ましく、眩しく見えて落ち込んでしまったり、悔しくて、嫉妬して、自分はずっと勝てないのではないか、そんな風に考えてしまったりするものです。ですが、そんなことに気持ちを惑わされるのも、もったいない話だと思います。ライバルと同じように自分もやればいいのかもしれないけれど、今の自分にはできない。あるいは、あんな奴の真似はしたくない。自分のやり方で奴を超えたい。そんなストレスを抱えている暇があるのなら、**今は、彼らからさっさと距離を置いて、競争するのではなく、自分らしさ（差別化）を発揮するのが先です**。これまでに出会った、相性の合う、あなたの価値をしっかりと認めてくれた、大切なお金を支払ってくださったお客様を思い出し、その人のために商品／サービスをブラッシュアップし、その人にめがけて発信していきましょう。結果、そのような人からの反応が集まるようになります。

時折、**あなたがライバルに攻撃されることもあります**。10年以上前に私の講座を受けてくれた、間もなく年商10億円に届きそうな立派な経営者になられた方と先日、お会いした際に聞いた話では、その方も、「反社とつながっている」などのあらぬ噂を立てられたり、Amazonに悪質レビューを書かれたりした経験があるそうです。「そこまでやるのか……」。そんな気持ちにもなりましたが、ビジネスにはそういうリスクもあるということを知っておいて損はありません。初めて経験する時には、恐怖を感じることもあるでしょ

まずは相性の良いお客様から

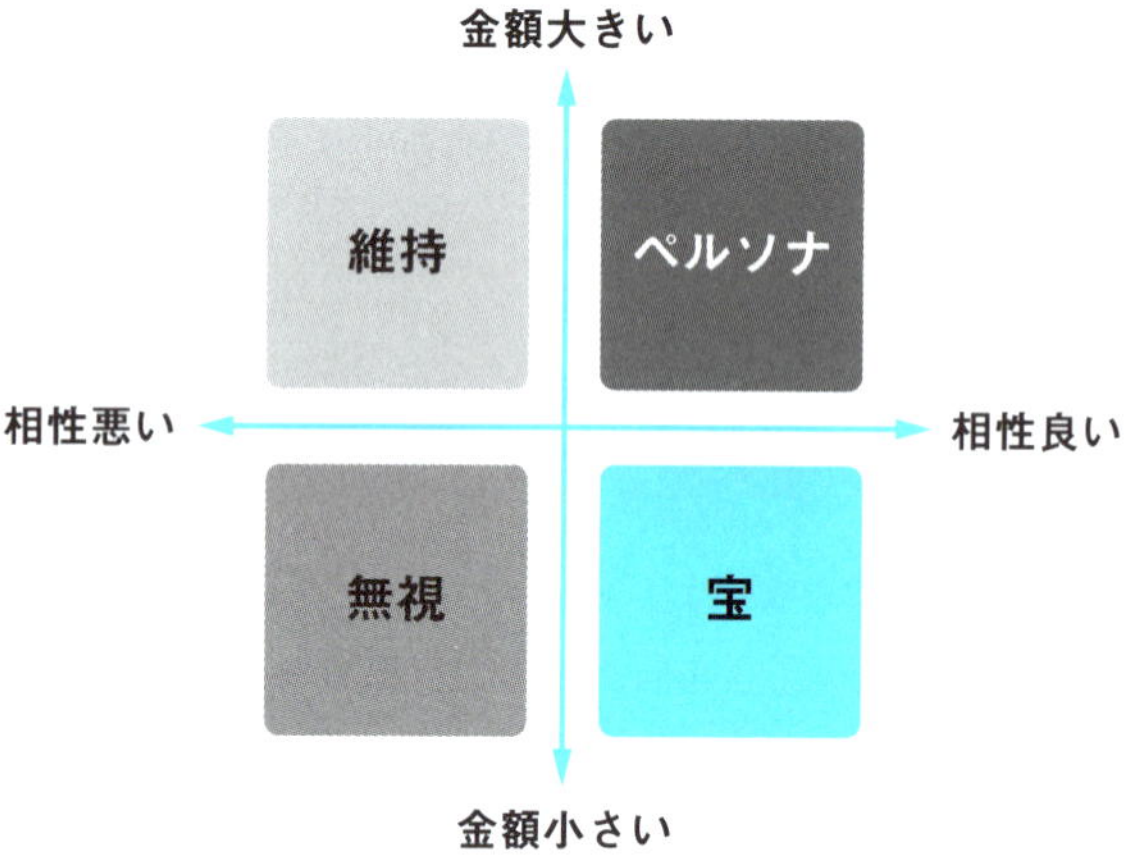

う。心配な方は、弁護士保険に加入しておくなどの対策をしておきましょう。私も、もちろん対策済みです。

・弁護士保険 事業者のミカタ 風評被害とは？ 企業への影響や対策は？ 企業の風評被害の実例も解説（https://mikata-ins.co.jp/lab/jigyo/0011123）

ちなみに、「ライバルと戦わずして売上を伸ばせるの？」と思われた方もいらっしゃるかと思いますが、そんな方は、まず、あなたが**これまでに逃したお客様に再アプローチすること**を考えてみてください。上の図をご覧ください。

図の右下のエリアにいる、これまでに出会った、低価格の商品／サービスを買ってくださった方で、**不満ではなくタイミングでお付き合いにつながらなかった方、その時何らかの事情で決断しきれなかった方こそ、今アプローチすると良いお客様です**。もちろん、当時の熱は冷めてしまっていますから、購買につながる可能性は高くはありません。ですが、左上の相性の悪いお客様に対してさらに深くコミットするよりは、お互いに好印象を持っている、かつてのお客様に連絡してみるほうが気楽でしょうし、新規顧客を開拓するよりは打率を高められるはずです。とにかく楽な方から行きましょう！

〝安定志向〟による停滞は悪か

このステージで、起業準備を始めた当初の情熱が少し落ち着き始めた人、特に〝安定志向〟タイプの人に多く見られるのが、「もっと頑張らなくてはいけないのではないか？」、「上昇志向がない自分は、起業に向いていないのではないか？」、「自分はこの仕事が好きじゃないのではないか？」などと迷ってしまうことです。まだ起業準備を始めていない人にとっては、「こんな上のステージに来て、まだそんなことに悩むの？」と不思議に思われるかもしれません。しかし、それが現場の現実です。繰り返しになってしまうかもしれませんが、このような**気持ちの落ち着きをネガティブに捉えてしまう人があまりにも多い**

ために、本音を書かせていただきますね。**私は、「ここで無理にモチベーションを高める必要はない」と考えています**。

そもそも、第0章でも触れましたように、私たちの心は常に不安定であり、一時的に気持ちを奮い立たせることもできるでしょうが、そんなことをしても長くは続きません。無理に続ければ壊れてしまいます。本章でも度々使っています、**頑張りや努力という言葉は、気合いを入れるという意味ではなく、粛々と、できるタイミングで、やれることをやっていきましょうという意味**です。

「今日は気分が乗らないので休業です」。そんな気まぐれすぎる店主はわがままと言われそうですが、気持ちはよくわかります。だからこそ、**ビジネスを続けていくためには、作業を自分から切り離し、仕組みに動いてもらうことが必要**であり、本書でも、その構築を進めていくための手順をお示ししているのです。ぜひ、**本書をガイドラインとして、何度も繰り返し、今やることの確認に活用してください**。細かい作業内容や各論はビジネスによって、また、タイミングによって常に変化します。ガイドラインがあれば、ネット上の断片的な情報を整理し、取捨選択したり、順番に並べ替えたりすることができますので、無駄に振り回されることはありません。

〝成長志向〟による自惚は悪か

次にもう一方の、情熱がますます燃え盛ってきた方に向けてもお話ししておきます。まず、どんどんビジネスが成長し、月30万円の売上を安定的に超えてきた人は、もう本書は必要ないと感じると思います。そうなったら要注意。**初心を忘れてしまいがちなタイミングです**。周りの人は、そんなあなたを見ています。

ビジネスをしていれば、必ず良い時と悪い時があります。しかし、うまくいっている時には、悪くなることをイメージできないものです。私たちが本当の学びを得る時は、常に状況が悪い時です。失業してわかる会社のありがたみ、体を壊してわかる健康の素晴らしさ、いつも同じです。ですが、悪くなるのを待つのも変な話ですので、年一度で構いません、目標設定の際などにでも、本書を読み返す時間を作ってみてください。本書が鏡のようにあなた自身の姿を映し出し、忘れていた基本、あなたの在り方を見つめ直すことができるはずです。ぜひ、メルカリで売らず（笑）、どこかに保管しておいてください。

もう一つ、成長志向の方にアドバイスさせていただけるとしたら、**お客様やこれまで支えてくれた人たちへの感謝の気持ちとご縁を大切に、ということです**。ここまで支えてくれた人、お世話になった人たちは、これから先のステージで知り合う人たちと比べて地味で退屈であり、自分にとって、もう要らない、使えない人脈に映ることでしょう。その人たちと疎遠になり、次第に価値観や話題が合わなくなることは理解できます。ですが、その考えは間違っています。**人をその人の〝現在価値〟で簡単に切ったりしてはいけません。**いつまでも、そのご縁、その時の感謝の気持ちを大切にしてください。必ず、自分に返ってくることになります。うまくいかない時に支えてくれるのは、あなたが成功する前も、一歩踏み出した際も、成功した後も、変わらず一緒にいてくれた人たちだけなのです。

3 新たな3つのメンタルブロックを知る

ここで、この先に進むためのワークを行いましょう。このステージでよく出てくる、あなたの実務を阻害するメンタルブロックを手放すワークです。

このステージで、さらに上を目指していくのなら、前章P229「発信力の確認——誰に向けた、何のための発信なのかが明確になっているか？」でも触れました通り、もっともっと発信し、認知を広げなくてはなりません。このステージで大切になるのが、**「自分発信に追加して、人に発信してもらうための活動」です。**自分で手足を動かす情報発信だけでは、その影響力には限界があります。もっとたくさんの人に、自分や商品／サービスの存在を知ってもらうためには、集客力のある人や組織、媒体に自分を担いでもらわなければなりません。ですがその時、こんなメンタルブロックが多発します。影響力は高めたいけれど、「（前の）職場の人に知られたくない」、「これ以上忙しくなりたくない」、そして、「広告費がもったいない」、この3つです。

「この期に及んでまだそんな状態なの⁉ もういいじゃん、うまくいってるんだから！」。まだこのステージに達していない方は、そんな風に感じるかもしれません。あるいは、すでに月100万円以上稼いでいるような起業家なら、「そんなこと言ってないでさぁ……。リスク取りなさいよ」などと思うかもしれませんね。しかし、これが現場の実態です。あなたは大丈夫ですか？

✓（前の）職場の人に知られたくない

「（前の）職場の人に知られたくない」という気持ちは、確かに理解できます。いまだに副業禁止規定があるような文化の会社に勤めている方は、さすがに一発解雇はなさそうとはいえ、バレてしまった後の自分の立場を考えると、不安になってしまうのも無理はありません。また、すでに会社を辞めた人も、「あいつこんなことやってるよ」などの奇異の目に晒されるかもしれないと想像するだけで、不安になってしまうことがあるようです。

現役会社員の場合には、「バレたらその時はその時」と開き直るか（※こういう人が意外と多いです）、さっさと見切りをつけて副業ＯＫの会社に転職してしまうか、もう少しスマートにやるならば、パートナー（協力者や代理店）に前面に出てもらう、顔出ししないでも済む業態（ＢｔｏＢ）に変化させる、ネットを一切使わない紹介制度を構築するなど、**対応方法はいくらでもあるため、上に行きたいなら、ここは踏ん張りどころです**。

すでに会社を辞めている人なら、もう誰にも遠慮したり、恥ずかしがったりする必要はありません。「もっと上に行きたい、成功したいんだ」という気持ちを思い出してください。そして、この先のチャレンジを楽しみましょう。楽しんでいる姿を見せればいいだけです。**このステージまで来られたあなたの周りには、十分にプラスのエネルギーが流れています**。「もっと成功してから発信しよう……」なんて思わなくていいのです。人のことをとやかく言って、現状維持を選んでいる人たちに遠慮する必要はありません。もちろん、否定する必要もありません。あなたは自由に起業したいのに、そんな存在にとらわれていたら、気分が落ちて悪いものばかり集まってきてしまいます。今の自分についてとか、好きなことについてとか、「これをやっていると楽しくて気分が上がるんです」とか、どんどん発信すればいいのです。**そんな人には、大勢の人が勝手に時間もお金も作って、付いてきてくれるようになります**。「また精神論か！　宗教か！」といろいろと言われてしまいそうですが、これは25年以上現場にいた私が、実際に見てきたことなのです。このステージまで来た人、このステージ以上にいる人なら、わかってくれるはずです。

本気で信じられたら辿り着く。これが人のエネルギーなのだと思います。多くの人は、心の片隅に、「自分にできるのかな？」があるために、なかなかそこに辿り着かないのです。確かに、すべての人が成功するわけではありません。ですが、人は信じて考え続けることで、その本人だけの信念が生まれてきます。**その信念はその人の人生に採用され、すべての行動、思考に影響を与えます**。行動につながれば、状況は変わるのです。

たとえば、占いは当たると思っている人は、占いで言われたことを信じます。良いも悪いも聞いたままに受け止め、やがてはそれがその人にとっての現実となります。逆に、占いは楽しむもの程度に捉えている私のような人は、悪いことを占いで言われても現実とはなりません。自分が信じるかどうか。**信じれば、そのエネルギーは大きくなり、行動につながる。ただそれだけです**。成功している人は臆病だったり、大胆だったり、色んなタイプの人がいますが、自分が努力できることを信じている、運が良いと信じている、最後は勝てると信じている、そして行動する。そこが共通しています。

✓これ以上忙しくなりたくない

忙しくなってしまうことが不安なのは、20％ルールを徹底できていない裏返しです。**その恐れを、事業再構築の機会に変えていきましょう。**「自分がやる」を「誰かに委託する」に、または、自分がやるのではなく、「やり方を教える」や「ツール（物やシステム）を提供する」などに転換していきます。個別対応を一対多に変えることもできるかもしれません。

「やり方を教える」は、こだわりがない場合、まずは動画講座を作ってみましょう。リアルでもオンラインでも、講座は対面のほうが簡単ですが、今は、「好きな時間に学びたい」という需要がすっかり定着しています。まずは、時代の流れに乗りつつ、**売った後に時間を取られない（手離れの良い）商品を作ることを優先しましょう。**動画を撮影するカメラは、とりあえずスマホで構いません。ホワイトボードの前で語ってもいいですし、書くのが大変だと思われる方は、パワーポイントとZoomを使って録画しても大丈夫です。あなたが人にやってあげていることを、具体的なＴｏＤｏに書き起こしてリスト化し、それを順番に解説してください。

「ツール（物やシステム）を提供する」場合には、商品は、PDFマニュアルでも、実際の作業に使う道具（グッズ）でも、何でも構いません。**大事なことは先ほどと同様、「手離れの良い商品」を売ることです**。仮に、何かのマニュアルを売るなら、動画講座を作った時の台本をベースにまとめれば効率が良いですし、完成したら、Kindle Unlimitedで販売しても良いですね。

マンツーマンの性格診断を提供していた起業家Kさんも、対面のオンライン診断サービスを継続しつつ、診断に使うオリジナルカードをマニュアルとともに販売しています。そして、受講者さんには、講座の録画を復習用に追加販売することで、さらに付加価値を高めています。このような2次展開は、多くのビジネスで真似できるはずです。

広告費がもったいない

最後に、「広告費がもったいない」と考えてしまうのは、ここまで広告宣伝に投資せずに集客できてきた証でしょうし、それはとても素晴らしいことです。ですがもし、**さらに上にいきたいのでしたら、ここらで広告投資を本気で検討してみましょう**。ただし、ある程度の調査をしてからでないと、あっという間にお金が溶けてしまいますので、以下の手順を踏んでください。

ネット広告であれば、10〜20万円の予算を準備してください。このお金は、お試し運用の予算で、平均的な成約率を計算するために投資します。商品／サービスにもよりますが、**無料オファーで2〜7%の反応、その無料オファーを受け取ってくれた人に向けた低額オファーで1〜3%前後の反応があれば合格ラインです**。「そんなに低いの⁉」と言いたくなると思いますが、実際そんなものです。だからこそ、インフルエンサーのような発信力を身につけたいわけですが、残念ながら、巷で語られているノウハウ、手順には再現性がなく、現実、こればかりは運としか言えません。コツコツチャレンジを続けながら、同時に広告投資を進めていきましょう。一定のリターンが見込める計算が立ったら、毎月一定額を投資するマイルールを決めてください。

どうしても広告を使う気になれないという場合には、これまでの無料集客を継続するしかありませんが、それではこの先の成長に限界があります。そのメンタルブロックは、「広告を使ったほうが儲かる」と実感できれば外せるのですから、一度はやってみるのが得策です。たとえば、スキルシェアサイトの成約率がおよそ1%（100アクセスに一人申し込みが入る）として、それで1万円の利益が出ているのならば、その利益の半分を投資して、アクセスを200にできれば、利益は1万5000円になります。それなら問題ありませんよね。

成約率が高まれば、広告投資を削減することができますので、利益を増やすことができます。成約率を高めるためには、**他社が有料で提供しているサービスを無料化するくらいの強力なプレゼントを用意**したり、同業者の広告を最低3つはチェックして、思わず買いたくなるキャッチコピーやサムネイルをチェックしたり、できることがたくさんあります。「おい！　だったら買いたくなるサムネイルの作り方を説明しろよ！」という声が聞こえてきそうですが、このような情報こそ断片的で構わないのですから、ネットの得意とするところです。文句を言っている暇があるなら、さっさと検索してトレンドをチェックしてみましょう。いくらでも情報が転がっています。そして、**いくら調べたところで、結局はどれも似たような話ですから、まずは自分でやってみることです**。批判ばかりしている人に足りないものは常に「実際の行動」です。あれこれ言っていないで、とにかく手足を動かしてみてください。わかることがたくさんありますから。

この3つのメンタルブロック以外にも、あなたの行動を制限してしまう恐れ、手放したほうが楽になれる思考はたくさん存在します。拗らせてしまう前に、それらを特定し、あなたを解放する準備を整えていきましょう。逆に、あなたの情熱がさらに燃え盛ってきている場合も、「過ぎたるは猶及ばざるが如し」です。**行動を長く続けるため、ちょうどいい塩梅、バランスを取り戻しましょう。**やる気がありすぎても、ガス欠を起こしてしまうものです。

4 悩みと恐れに優先順位をつける

✓クレーマーにはどこまで対応すべきか

このステージは、お客様の数も増え始めるタイミングです。よって、仕方のないことですが、**モンスタークレーマーやアンチと遭遇する**確率も上がってきます。「すごい態度してくるな……」、「なんでそんなことわざわざ書くの？」など理解できないことも多くなりますが、気にしないことです。持っているエネルギーの種類が違うだけなのですから。売上だけを考えれば、どんな人にも売っていきたいと思うわけですが、そのような存在に心を留めすぎると、大切なお客様に注ぐはずのエネルギーに影響が出てしまいます。よって、無視一択です。度を超えすぎているものは別ですが、自分が力になりたいと思える人や企業にだけ集中して発信していれば、そのような合わない人は勝手に去っていきます。

素敵なお客様に囲まれ、テンポや熱量の合う仕事仲間とのお付き合いが進むと、自分があれこれ考えなくても、良い〝気〟が満ちてきます。その気が、さらに素敵なお客様、仲間を連れてきてくれるようになるのです。紹介が連鎖し、自分が存在するだけで、商品／サービスが売れていくようになります。「でた。また精神論」。そう言われてしまうかもしれませんが……、これも本当のことなのです。

合わない人に振り回されないようにするためには、あなたがいつも真ん中にいるようにしてください。本章前半にも書きましたが〝軸〟をぶらさず、もしも偏った方向に行っていると感じたら、軌道修正をかければ良いだけです。

私はたまに近くの好きな神社に行って、そんなことをゆっくり考え、自分と向き合う時間を取っています。そんな**自分のもとに集まってくれた素晴らしい人たちが、自発的に助けを求めてくださった場合に、自分が全力で動けば良い**のです。これが理想の集客の姿です。人についての悩みが消えることはありませんが、そんな時こそ、自分自身と向き合う時間を作ってください。

✓ 変わる恐怖とどう向き合うべきか

次に、恐れにつながりやすい思考を手放す方法をご紹介します。行動を制限してしまう恐れとは、現状を〝安定〟と捉えている人が、その現状が変わる可能性がある行動をしようとした際に感じる不安のことです。

私の経験では、この感情を手放すことは大変難しいと実感しています。私たちは、**年齢を重ねるごとに変化を嫌うようになり、「今のまま何も変えずに、自分も環境もそのまま、良いことだけ起こらないか」、そんなことを、自然に、無意識に望むようになっていく**ためです。このような自分を乗り越えるには、やはり〝欲〟が必要になります。「まぁ、この辺でいいか。本業も忙しいし」という安定志向が、「今以上に成功したい」、「今以上の場所に行きたい」と思う成長志向に変われば、私たちは恐れを感じなくなります。「そんなことを気にしている場合ではない」という思考に辿り着くようになるのです。ただし、これは、あくまでも自発的に変わっていくことが前提です。自分の本当の気持ちを、教祖の教えや自己啓発で無理に剥がして、一時的に変わった気がしたところで、数カ月もしないうちに元に戻ってしまいます。

このステージでは、投資に必要な金額も行動範囲も、より大きなものになっています。できない理由、自分を止めている何かを特定したところで、恐怖を恐怖と認識しただけで、まだネガティブ思考のまま。行動にはつながらないのです。それが邪魔しているとわかったところで……。そこがこのステージにおける、現状が自分の器を超えてくるために起こるマインドブロックの厄介なところです。

安定志向で、**「このあたりでいいや」と思う方は、本当に無理をする必要はありません**。

私自身もそうなのです。これ以上忙しくなること、社員を採用した際の気苦労や責任、退職されてしまった時の悲しさ、そんなことを考えると、「これ以上大きくしたくない」という気持ちが強くなります。ただ、私が別でやっている事業で、たとえば、その中の一つである輸出入代理店業で、外国企業から問い合わせが入り、それが外注ネットワーク、あるいは、起業18フォーラムメンバーとコラボして仕組み化できそうだと算段がつくと、一気にやる気が溢れてきます。つまり、私の心は、忙しくなったり、人と関わって辛い思いをしたりすることに恐れを抱いてはいるが、本音の部分では、「もう少し上にいきたい」と思っているのかもしれません。私の中で、ほんのわずかではありますが、恐れより成長意欲が勝っている。なので、ゆっくりマイペースではありますが、新しいことに挑戦し続けることができているのだと思います。

さて、ここで改めて感じてみてください。こうなりたいという未来、こうありたい自分を明確にしていく中で、**今、恐怖と思うことと、描いた夢や目標への思いのどちらが優先なのか？** その比率は、どちらが勝っているのか？

どうしてもやりたい、なんとしてもやりたい、だけが正解ではありません。怖いけれど、それでもちょっとやってみたい。そんな気持ちでいいのです。その思いが自ら腑に落ちれば、あなたは自然に、あなたのペースで先に進むことができるようになります。

少しでもやってみようという気持ちになってきたら、**今のあなたにいらないもの、できない作業は、積極的に手放してください**。忙しい、わからない、面倒くさいという3つの感情は、せっかく出てきたやる気を摘んでしまいます。あなたの適性に合わない、続けていける気がしない作業は、この先、もっと辛いものとなり、あなたの負担になるからです。「何でそんなことにずっと時間をかけてるんだ！」と旦那さまに言われて大げんかになりました……。そんなご連絡をいただくことも、本当に少なくないのです。

・今度こそ、人に委託しないと回らなくなりそうな作業は何ですか？
・誰に委託することができますか？
・委託すると、いくらかかりそうですか？
・委託することを躊躇してしまう理由があれば教えてください。
・ならば、どうすれば良いと思いますか？

✓いつまで会社員を続けるのか

チャレンジが順調に進み、**安定して売上が30万円を超えてくれば、いよいよ、会社を辞めることも視野に入ってきます**。ここまで来れば、会社にいる時間がもったいなく感じているでしょうから、多少、預貯金の額に不安があっても、思い切って決断してしまう人が多いのも事実です。ですが、「もうちょっと待って……」と言いたいのが本音。家族が一年間、今まで通り暮らせる蓄えがないのなら、アルバイトで構いません。**わずかでもいいので、固定収入を確保しておいてください**。もはや正社員である必要はありませんし、週5日×8時間も働く必要はありません。ですが、新型コロナウイルスの騒動もあったように、何が起こるかわからないのが人生です。家族を守るための最低限の備えはしておきましょう。

また、月30万円の売上を安定的に叩き出しているということは、固定客がいる、定期収入があるなど、お金の〝入り〟については、それなりの成果が出せているということです。**本当に会社を辞める前には、お金の〝出〟について、特に月々の固定費（売上にかかわらず出ていくお金）を抑えること。**そして、危機に直面した際に対応できる身軽さ（機動力）、オンライン／リアルの切り替えなどの柔軟性を維持することも、必ず実現させておきましょう。有事の際、いつも国が助けてくれるとは限りません。

実務編

仕組み作りをしながら果報を待つ

5 仕組みのランク上げに着手する

今、時間を作って優先的に取り組むのは、以下のようなことです。

①高単価化（ブランディング／自己集客）
②アーカイブ化・権利化・システム化（自分以外に動いてもらうための作業）
③プロの時間とスキルを買う

これらは前章までの内容と同じですね。すでに試行錯誤されている方が多いと思います。

この3つを進めながら、本章ではさらに……

④商品のセット化（ハンバーガーにはポテトとコーラをつける）
⑤サブスク化（リピート商品の開発&リピーター育成）
⑥量産化（コストダウン）
⑦自動化（さらなる業務効率化）
⑧胴元化（川上に移動して利益を高める）

これらを積極的に進めていきます。

ですが、その前に、手っ取り早くやってしまいたいことがありますので、ご紹介しておきます。それが、**「営業／集客不要な下請け仕事」の獲得**です。

「下請け？　自分でブランディングするんじゃないの？」と思われたかもしれませんね。

確かにそうなのですが、しかし、全部を自分でやるのも大変じゃないですか⁉　ですので、**楽な仕事もいくつか持っておこう**ということです。このような仕事を私は〝コバンザメ〟と表現していますが、これは、「いい意味で人に依存する」ことを指しています。

ここまでやってきた方なら、もうおわかりですよね。**ビジネスで一番大変なのは集客だ**

という事実。ブランド・老舗企業の何がすごいのかと言えば、「顧客を持っている」ということに他なりません。ですので、たとえばもし、あなたが何かの講師だとして、「うちでちょっと話してよ」と誘われたり、あなたが物販をしているとして、「うちのロゴをつけて商品提供してよ」など、**あなたが営業する必要がない案件が舞い込んできたら、それはとりあえず受ける方向で進めるお話**です。大金を失うような案件は別ですが、利益は度外視でも構いません。今のステージでは、コストダウン、信用、実績につながると判断できたら、なるべく受けていきましょう。

商品を「セット化」する

ここまでくる前に、すでにできている人も多いと思いますが、ここで改めて、商品のセット化について意識してみましょう。**2つ目、3つ目に売る商品は、準備できているでしょうか？** 2つ目の商品を作る際に、多くの人が勘違いしてしまうのが、1つ目の商品がラーメンだとして、2つ目の商品としてチャーシュー麺を作ってしまうことです。チャーシューを追加するだけで簡単だからと考えてしまうのですが、**ラーメンを食べた人は、通常、同時にチャーシュー麺は食べません**。買うとすれば、ギョーザやライスのサイドメニューやビールなどの飲み物です。物以外のサービスを売る場合にも、作品＋データ、商品＋再販権、セミナー＋資料、コミュニティ＋個別面談など、セット商品にできる素材はたくさんあります。周りを眺めてみましょう。

３つ目の商品を考える際も同様、メインやサイドメニューをいくつも頼む人は少ないので、別の角度からの商品を考えます。たとえばラーメンなら、大盛り、お土産用のセット、それ以外の業種なら、合宿（時短化）、週末料金、延長料金、ギフトラッピング、お急ぎ便など、様々なオプションサービスが考えられます。

商品をセット化できれば、客単価と利益を高めることができます。ただし、**順番を間違えるとまったく成果がでませんので、ご注意ください**。

✓リピート（サブスク）化こそ安定の要

次に、リピート商品が作れるかを考えてみましょう。**リピート商品とは、消耗品や、繰り返しの購入があるサービスのことです**。たとえば、以下のような商品／サービスの提供は可能ですか？

・**【消耗品の定期購入】** 有名なところでは、プリンターを安く供給して、インクで利益を取る、髭剃りの替え刃で利益を取るなどがあります。

- 【レンタル】今や自動車、家具、家電もサブスクでレンタルする時代になっています。高額商品を売るスキルも不要で、ますます普及するでしょう。
- 【会費】スポーツジム、ストリーミング配信などは、多くの人が利用していると思います。
- 【保険】実際の保険商品を売ることは難しくとも、何かあったら相談できるなどの保険的なサービス（顧問契約など）を作ることはできます。
- 【点検】物理的な点検サービスだけでなく、コーチングや自己啓発の世界でも、定期的なトレーニング機会を提供することはよくある手法です。
- 【権利】商標使用権、更新料、再販権など、権利の商品化は手離れもよく、理想的なリピート商品になりえます。
- 【家賃／インフラ】アプリ利用料、ワンルームマンション投資のようなビジネスは難易度が高いため、リスクをよく確認してください。
- 【法人向け】研修、卸売り、お中元など、企業からの需要はリピート購入につながりやすくなります。

注意が必要なのは、本来、リピート商品として作ったものではないのに、リピーターがついてしまった場合です。セールの時だけ買いに来るお客様ばかりになってしまったり、お試し（フロント）商品を何度も購入する人がいたり、デパ地下の試食品を毎日食べにくるような人が付いてしまったら、「おひとり様1回まで」とするなどの対策を取らなくてはなりません。美容室だって、初回割引の人ばかりになってしまったら経営は成り立ちません。

売上は、リピーターがついて初めて安定し、緩やかに成長できるようになります。確かに、せどりのようなリピーターがいないビジネスも存在しますし、超高額セミナーを売って数カ月で消えてしまうスクールもたくさんありますが、そのようなビジネスは、永遠に漁場を探し続けなくてはならず、なかなか安定しないことを知っておかなければなりません。やはり、穏やかにビジネスをしていくには、リピート購入していただける商品／サービスを準備し、一人一人のお客様と末永くお付き合いしていくのが王道です。業種によっても異なりますが、ざっくりと、**新規2割&リピート8割くらいにするつもりで、積極的にリピート商品を開発し、お客様との信頼関係の下、長期間のお取引をしてもらいましょう**。

コピーを生み出せれば次の展開がある

もし、あなたのビジネスが、手作り品販売や単発のホームページ制作などの**大量生産／供給が難しいものである場合、このステージで一度、ビジネスの成長が止まります**。大量に生産する方法があるのか、自分の代わりに作業をしてくれる人を確保できるのか、何らかのシステムや機器を導入して生産性を高められるのか、ワンランク上に行くための新たな施策が求められます。手堅くいきたい場合には、まだ社員を雇うことはできないでしょうから、まずは自動化による生産性向上（時間の確保）、次に、胴元化によるビジネスモデル改変と収益源の確保に取り組みましょう。

自動化すればどんどん暇になる

ここまで来る前に何度も、外注化やシステム投資による時間の確保については触れてきました。しかしそれでもなお、様々な作業を自分でやってしまっている人が大半なのではないでしょうか？　お気持ちはよくわかります。お金、もったいないですもんね。あるいは、**客単価が低いために思うように外注化できない、したいけれど現状が追い付いてこない人もいらっしゃるでしょう**。もはや、「詰んだ」とも言える状況ですが、ワンランク上に行くなら、ここは構造改革のタイミングです。もう一度、本気で以下を進めましょう。

・**【客単価アップ】** 手離れの良い商品のセット売り／時間単価見直し／リピート化／オプションサービス追加などで、外注化の費用を稼ぐ。

・**【オンライン化】** 打合せはオンライン。リアルなら行くのではなく呼ぶ。タイパを上げてコストダウンを図ることで、売上アップに注力する。

・**【本業外業務の外注化&家族への協力依頼】** 営業／情報発信／経理／確定申告／広告運用／動画編集／デザイン／記事作成／企画／事務作業など。

・**【AI活用】** ゼロイチの発案が苦手なら、そこでAIを活用する。

社員を採用して一発勝負に出るのもありですが、抱え続けられるのか、お金、キャリア形成、メンタルケアを含めた雇用主としての責任を果たせるのか、大きな決断になることは間違いありません。もし採用を諦めたとしても、できることはまだたくさんあります。

目指すポジションは、会社員でいうところの管理職、現場監督になること。部下はいませんが、その代わりに、ご家族や外注さん、システムやアーカイブ動画、AIに動いていただく。先送りしてきた仕事のスリム化に、今度こそ挑戦してみましょう。

胴元化こそ起業の醍醐味

ここで言う胴元化とは、川上に移動するという意味で、たとえば次のようなポジションチェンジを指します。

・講師→講師養成クラス講師→資格認定校経営者
・ネットショップ運営→問屋→メーカー（または輸入者など）
・秘書代行→秘書マッチングサイト運営

人の確保、定着が難しい時代になり、人手不足倒産などの言葉もよく聞くようになりました。人が辞めない、離れない前提で安易に拡大を図ると、そうなった時に事業を回せなくなります。最初は丁寧に、**自分一人になった場合にも事業を維持できる規模を超えないように**、少しずつ川上に移動していきましょう。

6 事業の継続を脅かすリスクに備える

固定費と変動費を把握する

起業、経営と言うと、財務諸表の数字を読むことを求められると考えがちですが、小さな起業ではそこまでする必要はありません。この段階で大切なことは、**今後、売上を伸ばしていくとしたら、どんなお金が必要になり、それは、自分にとっての固定費になるのか、変動費になるのか、その区分けをしておく**ことです。自分が使っているお金、使ったほうが良いお金、節約できるお金を理解しておくことで、事業の健康状態を把握でき、様々なリスクに備え、対応することができるようになります。

固定費とは、たとえば、家賃、光熱費、通信費など、売上があろうがなかろうが毎月発生する費用のことで、なるべく減らしたほうが良い費用になります。もう一つ、変動費とは、仕入れ、会議費、接待交際費、外注費など、活動を増やすほどに増える費用のことを言います。費用はなるべく変動費化したいのですが、連続して売上に対する変動費率が上がっていたら要注意。支出のカットを考える必要があります。

固定費と変動費を把握する

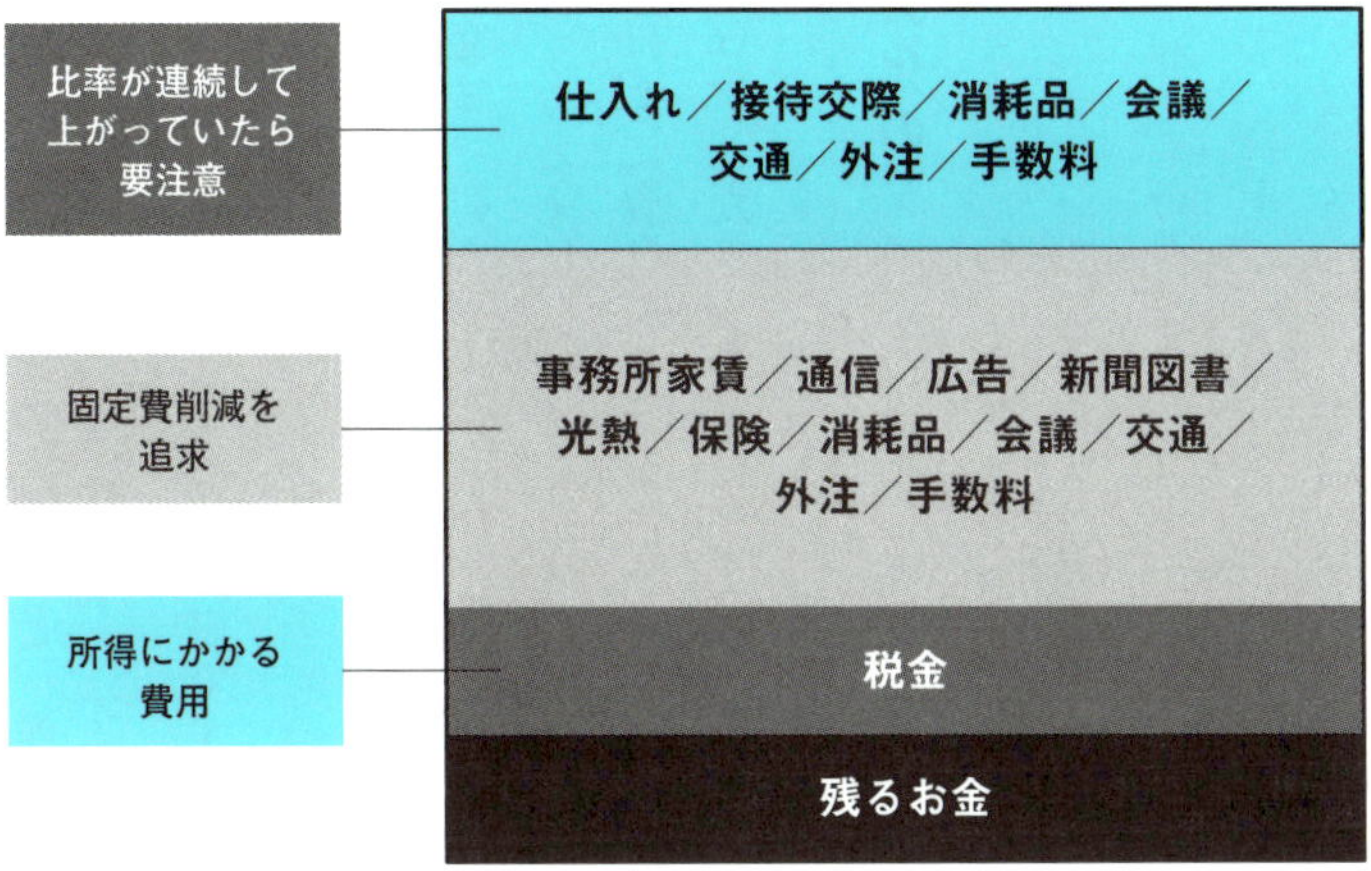

この**固定費と変動費の区分けは、やっている事業によって異なります**。たとえば、セミナー会場を借りる費用は、通常は変動費（必要に応じて借りれば良いため）になりますが、私の場合は、毎月必ず開催することも、開催場所も決まっているため、これは固定費として扱うほうが適切です。**このように、一般的には変動費として扱われる費用も、自分にとっては違うかもしれません**。

まだよくわからない状態という方がほとんどだと思いますが、常にちょっと先のことを考えておくと、後で気持ちが楽になります。**イメージだけでも良いので考えておきましょう**。ちなみに、経営を学ぼうとすると、売上総利益、限界利益など、難しい話が大量に出てきてクラクラしますが、一旦ここでは置いておいて、3年後に、ざっくり一人当たり2000万円稼げていると言えれば、スモールビジネスとしては上出来です。

「こんな先のことより、目の前のお金がない」という方は、**過剰在庫や出費を見直す必要があります**。月の売上は10～30万円あるのですから、そんなにお金が残らないはずがありません。たとえば、何かを買う際には、クレジットカードの2回払いを利用すれば、手数料を掛けずに資金繰りを楽にすることもできますし、新品ではなく中古品を買ったり、誰かとシェアしたり、資金繰りを楽にする手段は残されているはずです。

›法人化のタイミング

このくらいの売上規模になると、「会社（法人）って作っておいたほうがいいの？」と心配になる時があります。**法人設立は、会社員でいる間は必要ないでしょう**。対企業取引のために、どうしても法人格が必要になった場合や、本業の会社で起業（副業）が許可されていて、本気で事業規模拡大に取り組みたいという人のみ、検討してみましょう。ネット上にもたくさんの情報があり、法人化したほうが絶対に得と書かれた書籍も多数ありますが、**目安もタイミングも、どんな事業をしているのか、今後どうしていきたいのかによって異なります**。焦って法人成りしたところで、雑務が増え、様々な出費も法人価格になりかさんできますので、結果的に損をするリスクもあります。会社を辞めた後、自分にとってどちらが楽で得なのか、税理士さんや専門家と相談して決めてください。

目を背けたくても「トラブルを想定」しておく

さて、ここで、「リスクの洗い出し」のワークをしておきましょう。様々なリスクに備えることができる、対応できるとはつまり、何に対して何ができるのか、想定して把握しておこうということです。

以下の項目について、どんなことでも構いません。「こんなことがあるかもしれない」と思えることと、その対策を書き出してみましょう。

- 財務損失リスク（収入減少・在庫・未払い・廃業など）
- 賠償責任リスク（会社バレ・競業禁止・クレームなど）
- 人的損失リスク（家族リスク・パートナー・外注先など）
- 健康リスク（病気・ケガ・睡眠不足・運動不足など）

・ITリスク（情報漏洩・サーバー攻撃・AI・SEOなど）
・ビジネスリスク（競合他社・規制・カントリーなど）
・家族リスク（家族の反対・転勤・介護など）

右のような書き方ですと、何やら難しく感じてしまうかと思いますが、実際に私に起こった例で言いますと、以下のようなことがありました。

見積りの10倍の請求額に大慌て（財務損失リスク）

ネットサービスで、規約をしっかりと読まずにチェックを入れて購入。その後、約10倍の請求が……。支払いを拒むと、「実印をついて送り返してこい」と契約書が郵送されてきました。事業者間取引のため消費者庁は介入できず、弁護士さんに相談することになり、出費がかさんでしまいました。規約をしっかりと読み込むこと、保険に入っておくことの重要性を理解しました。

引っ越しで延滞税（財務損失リスク）

引っ越しをして管轄の税務署が替わった際、登録していた銀行口座を再登録する必要があることを知らず、税金が引き落とされていないことに気付きませんでした。郵便が送られてきて慌てて支払いましたが、当然、延滞税を徴収されてしまいました。法律やルールを知らないと怖いです。

「いいね」で大クレーム（賠償責任リスク）

クライアントさんからSNS経由で連絡があり、「承知しました」の意味で、「いいね」を押したところ、「きちんと言葉で書かんか！」と大激怒され、先方の事務所で土下座させられるということがありました。これ以降、SNSの対応には、特に気を付けるようにしています。

天候不良で飛行機が欠航（賠償責任リスク）

天候が悪くなり飛行機が2日間にわたって飛ばず、講師を務めるはずだった勉強会の会場に行けなくなりました。当時はまだオンライン対応をしていなかったため、急遽、別の講師に代打をお願いし、何とかトラブルにならずに済みました。自分の代わりをしてくれる人の存在が、いかに大切かを思い知りました。

弁護士から内容証明郵便が届く（賠償責任リスク）

画像の著作権侵害により、約30万円を支払えとの手紙が届きました。調べると、5年前に書いたブログに、フリー素材に分類されていた画像を利用したことが判明。支払わなければ訴えるとのことで、対応することに。フリー素材として紹介されていても信頼できない情報もあり、著作権や商標などの権利については、正しい知識を得ておく必要があることを認識。

・商標の調査のやり方（方法）を教えてください
（https://prosora.co.jp/trademarkinvestigationmethod）

メール配信システム凍結（ＩＴリスク）

メルマガに自ら登録した方が、配信業者に迷惑メール通報。アカウントを凍結される事態になりました。勉強会予約などの業務が停止し、現場が大混乱に。こちらに非がないことがわかり凍結は解除されましたが、一般向け配信システムを別に用意するなど、コストをかけてリスク対応することになりました。

● ワードプレスの自動更新でＷＥＢが停止（ＩＴリスク）

朝、目が覚めてメールをチェックすると、ホームページが見られないとの連絡が多数。ワードプレス（ホームページを構成しているシステム）が自動更新され、使用していたプラグイン（追加機能プログラムのようなもの）が、エラーで動かなくなっていました。復旧まで数日かかり、大変な損失を出しました。これ以外にも、サーバーアップデート時には、従来のシステムが動かなくなるなどのエラーが多発します。これは誰にでも起こりうるリスクです。

● セミナー会場を貸してくれない（ビジネスリスク）

大きな会社が優遇されるのは仕方のないこと。最初の頃は、セミナー会場を予約させてもらえない、取引してもらえない会社がたくさんありました。自粛期間中には、逆に営業電話がくるようになりましたが、いつでもオンラインに切り替えられる体制を作っておくことが大事だと考えるようになりました。

● セミナーに遅刻して暴れる人（ビジネスリスク）

東京池袋の会場で行ったセミナーで、某匿名セミナー集客サイトからの参加者が、「地図が間違っていた！」と大暴れ。他の参加者の皆さまにケガがなくて本当に良かったと安堵したことがありました。滅多に起こることではありませんが、嫌がらせのための潜入だったのかもしれません。お客様と講師の安全を守るのも主催者の義務だと再認識しました。

活動量が増えたら、こんなことが起こるかもしれないな。起こらないようにこうしよう。起こったらこうしよう。そんな簡単なことで大丈夫ですから、**それぞれのリスクについて整理しておきましょう**。規制があることを知らずに販売しようとしていて、直前ですべてが無駄になるなどの知識不足によるトラブルなども、よくある話です。

私の場合も、たとえば弁護士保険に入ったり、税理士事務所と顧問契約を結んだり、知的財産の専門家や優秀なＩＴエンジニアの方と提携したり、失敗の度にリスク対策を取ってきました。もちろん、事業をしている限り、１００％の安心は得られる日は来ないかもしれませんが、相談できる仲間や専門家がいることは、大きな心の支えになっています。

☑高単価化を継続しているか？（ブランディング／自己集客）
☑アーカイブ化を進めているか？（流れて消えていくSNSやショート動画投稿のみではなく、長く検索されるコンテンツ、長編YouTube／ブログ記事／電子書籍／音声配信なども出していく）
☑権利を獲得し、残す仕事ができているか？（特許／商標／独占販売権／最安値をもらえるor情報や商品を先取りさせてもらえる関係性）
☑集客不要な下請け仕事の獲得に動いているか？
☑商品をセット化したか？（2つ目・3つ目の商品）
☑サブスク商品を開発したか？（リピート商品の開発&リピーター育成）
☑生産性向上のためにできることを考えたか？（量産化／自分の代わりに作業をしてくれる人の確保／システムや機器を導入）
☑構造改革を進めているか？（客単価アップ／オンライン化／本業外業務の外注化&家族への協力依頼／AI活用）
☑胴元化を進めているか？（今より川上のポジションを得られるビジネスモデルの構築）
☑自分にとっての固定費と変動費を把握したか？

☑節約できるお金を見つけたか？

☑「私の知り合いにはいない」と言われる存在になれているか？

☑お客様が求める方向に差別化できているか？

☑想定リスクと対策を洗い出したか？

おわりに——動き始めた人にだけわかる、本当に大切なこと

起業家には、創業精神、創造性があり、新しいアイデアや独創的な方法を試し続ける好奇心がある。意欲と決意に満ち、努力と献身を惜しまず、諦めずに前に進む。柔軟な対応力に富み、常に変化に適応し、戦略を修正できる。責任感があり、従業員や顧客の利益を最優先に考える。常にポジティブで、将来を見据えたビジョンを持っている。

「そんなわけないでしょ！」

そんな立派な人でなければ起業できないのなら、まともに起業できる人なんていません。

私たちは皆不完全で、怠け者で、失敗を恐れ、責任を負いたくなく、ビジョンもコロコロ変わります。内向的な起業家もたくさんいます。そもそも全員が社交的なわけがありません。営業して断られるのも怖いです。あれもこれも自信がありません。でも、そんな自分を好きになれれば、同じように、人を好きになれる。そして、**目の前に困っている人が**

いるのなら、助けてあげたいと思える人になれます。自分にできることがあるのなら、それで喜んでくれる人がいるのなら、少しばかり自信がなくても、勇気を出してみようと思える。そんな人が、小さく始める起業家になっていくのです。

正解を教えてもらって、ゴールから逆算し、間違いがないように進めたい。その最短距離、細かいテクニックを教えてもらい、サポートもしてもらいたい。そんな風に思う人は、FCのパッケージや既存事業を買うといいでしょう。自ら道を切り拓きたい人は、自分でビジネスを立ち上げると決めればいい。**起業は自分に合うやり方で、自分の意思で、自由に進めることができるのです**。

ですが、**その自由の下での選択、意思決定が簡単ではありません**。何よりもお金の問題があります。やってみたくても、知識も経験も人脈もなく、今の自分にとって難しすぎることばかり。また、指示通りに正確に動くほうが向いている人もいれば、その逆の人もいます。計画通りに進むことなどなく、やってみなければわからないことばかりですし、1回や2回の努力では報われないこともたくさんあります。「○○をすれば儲かりますよ」という類の甘い話も多く、どうすればいいのか迷子になってしまうのも無理はありません。

そんな起業を目指している、しかし迷子になりそうな人のために、現在地を理解、整理し、次の行動がわかるガイドブックを書きたい。本書は、編集者さんと私のそんな共通の想いから生まれました。まだ何もしていない人や、情報収集の日々から抜けられない人、成功マニュアルが欲しかった人にとっては、精神論が多い、ネット上にある情報だ、そんな風に映ったことでしょう。**ですが、動き始めたらわかります**。これが現場であり、挑戦者の前にリアルに現れる壁であり、そして、それらは必ず、あなたが得ていく知恵と勇気、周りの人々の支えによって、乗り越えることができるということを。本書では、そんなあなたの冒険に必要な情報の捉え方、壁の乗り越え方、そして共通する基礎的な実務を順番に並べました。地図、コンパス、そして魔導書のようなものでしょうか。

その冒険は長い旅になります。ですから、時には人に甘え、頼ったっていいと思います。**助けを乞うことは恥ずかしいことではありません**。一生懸命にやって、涙を流し、愚痴を言ったりすることも、少しも恥ずかしいことではありません。投げ出して、逃げて、聞こえのいい言い訳をし、人に嫉妬しているより、よっぽどカッコいいではありませんか。

また、ここぞという勝負の時には、コスパ、タイパといった価値観から離れ、がむしゃらにやること。**結果はどうあれベストを尽くすこと。そこに、無駄は一つもありません。**すべてが先の人生において、あなたが前進する力につながり、勇気を与えてくれるきっかけになります。

周囲が起業に反対することもあるでしょう。会社員一家に、こんな異質な文化が入り込んでくれれば、「洗脳でもされたのか?」と思われるのも無理はありません。「無理だからやめておけ」と言われても仕方のないことです。それであなたがどうするのか、それもすべてあなたの自由です。

もし、やると決めたのなら、粛々と、今できることをしていきましょう。第0章にも書きましたが、私たちのモチベーションはいつも不安定です。自分のために頑張る時もあれば、大切な人のために、知らない誰かのために頑張りたくなる時もあります。**細かいことを考えず、都合よくギアを切り替え、休みながら進んでいきましょう。**あなたが動けば、望んだもの、望んでいないもの、何らかの結果が出ます。それが、行動したあなただけが得たギフトであり、あなたが進化し、次のステージに進むためのチケットとなるのです。

思い通りにいかない現実に、心無い言葉や雑音、裏切りに胸が痛み、傷つき、挫折を感じる時もあるでしょう。そんな時には、どうか思い出してください。起業を決意した日、初めての売上が立った日、初めてお客様と接した時のこと。ドキドキ、ワクワク、喜びとちょっとの緊張。そんな瞬間がよみがえってくるでしょう。「これが仕事になったら楽しいだろうな」、「こんな日が続けばいいな」、そんな気持ちになったこと、覚えていますよね。その想いとエネルギーの上に、知識、テクニック、ビジネスモデルなど、すべてが乗っかり、あなたはここまで来たのです。**その想いを忘れなければ、私たちは、幸せな起業を実現することができます**。心の灯を消さなければ、あなたは再び立ち上がることができます。

人生100年のうちの数年、心の声に従って生きる時間があっても悪くはないでしょう。結果がどうであれ、全力で夢に向かった日々は、あなたの宝物になるはずです。ぜひ、あなたも一度、驚くほど小さな起業の第一歩に、チャレンジしてみてください。あなたの幸せに満ちた笑顔を見られる日を、楽しみにしています。

本書でご紹介できた情報は、全体のごく一部にすぎません。日々アップデートされる情報や実例、あなたの場合はどうなのかなど、お伝えしたいことはたくさんあります。ホームページにも、起業アイデアの事例やたくさんのQ＆Aを掲載していますので、ぜひご覧ください。

・起業18フォーラム（https://kigyo18.net）

最後になりましたが、本書の執筆の機会をいただきました、株式会社東洋経済新報社の川村浩毅さん、文章の相談に乗ってくださった友人の天木和さん、そして、本書をお読みくださったすべての皆さまに、心からの感謝と御礼を申し上げます。

ありがとうございました！

令和7年2月

起業18フォーラム　新井　一

【著者紹介】
新井　一（あらい　はじめ）
起業18フォーラム代表。延べ6万人の起業したい会社員と向き合ってきた「起業のプロ」。1973年生まれ。会社員のまま始める起業準備サロン「起業18フォーラム」主宰のほか、起業家向けマーケティング支援などを行う。「人生を変えたい」と願う会社員をはじめ、自立を目指す主婦やニート、フリーター、落ちこぼれなど、起業とは程遠いと思われがちな人材を一発逆転させてきた。著書に『起業神100則』（総合法令出版）、『会社で働きながら6カ月で起業する』（ダイヤモンド社）など多数。

起業18フォーラム公式サイト
https://kigyo18.net

会社員が働きながら月30万円を稼ぐ起業法
2025年3月4日発行

著　者――新井　一
発行者――山田徹也
発行所――東洋経済新報社
〒103-8345　東京都中央区日本橋本石町1-2-1
電話＝東洋経済コールセンター　03(6386)1040
https://toyokeizai.net/

ブックデザイン・DTP……二ノ宮匡（nixinc）
製　版……………………朝日メディアインターナショナル
印　刷……………………TOPPANクロレ
編集担当…………………川村浩毅
 Printed in Japan　ISBN 978-4-492-26121-7